Das große Histaminintoleranz Kochbuch

Einfache und leckere histaminarme Rezepte für ein gesundes und beschwerdefreies Leben. Histaminarm kochen für mehr Wohlbefinden und Lebensqualität.

Inhalt

Vorwort

Liebe Leserin, lieber Leser,

als Autorin und leidenschaftliche Köchin, die stets auf der Suche nach neuen, inspirierenden Ideen für die Küche ist, habe ich es mir zur Aufgabe gemacht, die histaminarme Ernährung in den Mittelpunkt zu stellen. In diesem Buch findest du daher eine Vielzahl an Rezepten, die alle eines gemeinsam haben: Sie sind liebevoll zusammengestellt, leicht nachzukochen und sie tragen dazu bei, die Beschwerden einer Histaminintoleranz zu lindern.

Das Bewusstsein für eine gesunde Ernährung hat in den letzten Jahren enorm zugenommen und es wird immer deutlicher, dass es kaum einen besseren Weg gibt, unserem Körper Gutes zu tun, als durch eine bewusste Lebensmittelauswahl. Das Ziel dieses Buches ist es, dich auf deinem persönlichen Weg zu einem gesunden Lebensstil zu begleiten und dir zu zeigen, dass eine histaminarme Ernährung nicht bedeutet, dass du auf Genuss verzichten musst. Ganz im Gegenteil: Die Rezepte in diesem Buch beweisen, dass eine angepasste Ernährung und Genuss Hand in Hand gehen können.

Ich hoffe, dass du durch dieses Kochbuch die Freude am Entdecken und Ausprobieren neuer Rezepte findest. Denn am Ende des Tages geht es nicht nur darum, was wir essen, sondern auch darum, wie wir es zubereiten und genießen. Es ist die Leidenschaft, die Hingabe und die Liebe, die wir in die Zubereitung unserer Mahlzeiten stecken, die sie zu etwas Besonderem machen.

Nun wünsche ich dir viel Spaß beim Ausprobieren der Rezepte und beim Entdecken neuer Lieblingsgerichte. Möge dieses Buch dich auf deinem Weg zu einem gesunden und genussvollen Lebensstil begleiten.

Deine Carina Lehmann

Anmerkung zu den Rezepten

Du magst dich fragen, warum in diesem Kochbuch auf Bilder verzichtet wurde. Eine ungewöhnliche Wahl, das ist mir bewusst, denn wir leben in einer visuell stark orientierten Welt, in der ein Bild oft mehr als tausend Worte zu sagen scheint. Doch gerade im Kontext der Kulinarik glaube ich, dass diese bildlastige Herangehensweise uns manchmal die Möglichkeit nimmt, unsere eigene kreative Interpretation zu entwickeln und uns auf das Wesentliche zu konzentrieren: den Geschmack, die Aromen und die Freude am Kochen.

Stell dir vor, du blätterst durch ein Kochbuch, siehst ein wunderbares Foto eines Gerichts und denkst: „Das möchte ich kochen". Das Bild setzt eine Erwartung. Es formt eine Vorstellung davon, wie das Endergebnis aussehen sollte. Doch was passiert, wenn dein Gericht nicht genau so aussieht wie auf dem Bild? Fühlst du dich dann als hättest du versagt? Dabei geht es beim Kochen doch eigentlich um den Prozess, die Erfahrung und letztendlich den Geschmack – nicht um die Perfektion eines Food-Fotos.

In diesem Kochbuch fehlen die Bilder bewusst. Ohne Bilder bist du frei, dir eigene Vorstellungen zu machen, wie dein Gericht aussehen könnte. Du hast die Freiheit, zu experimentieren, zu variieren und dein eigenes, einzigartiges Gericht zu kreieren.

Zusätzlich lege ich großen Wert darauf, dass du das Kochen als kreativen Prozess erlebst. Jedes Gericht, das du zubereitest, ist Ausdruck deiner Persönlichkeit, deiner Vorlieben, deines Geschmacks. Ohne vorgefertigte Bilder bist du der Künstler, der sein eigenes Kunstwerk schafft – einzigartig und individuell.

In diesem Sinne lade ich dich ein, dich auf diese besondere kulinarische Reise einzulassen. Lass dich von deiner Vorstellungskraft und deinen Geschmacksknospen leiten, nicht von Hochglanzbildern. Ich bin sicher, du wirst dabei ganz neue Seiten des Kochens entdecken.

Salate

Frischer Sommersalat mit Eisbergsalat

Zubereitungszeit: 20 Minuten
Portionen: 1 Person

Zutaten:

- 1 Handvoll Eisbergsalat, gewaschen und grob zerrissen
- 50 g Mangold, gewaschen und in Streifen geschnitten
- 1 kleiner Apfel, gewaschen, entkernt und in feine Spalten geschnitten
- 50 g frische Blaubeeren
- 1 Karotte, geschält und in dünne Scheiben geschnitten
- 5 - 7 Radieschen, gewaschen und in dünne Scheiben geschnitten
- 1 EL Kürbiskerne
- Ein paar frische Petersilienblätter, gehackt
- 1 EL natives Olivenöl extra
- 1 EL Verjus
- Eine Prise Salz
- Eine Prise weißer Pfeffer

Zubereitung:

1. In einer großen Salatschüssel den Eisbergsalat, Mangold, Apfelspalten, Blaubeeren, Karottenscheiben und Radieschenscheiben vermengen.

2. In einer kleinen Pfanne die Kürbiskerne ohne Öl leicht rösten, bis sie anfangen zu duften. Vorsicht, sie können schnell verbrennen! Dann aus der Pfanne nehmen und abkühlen lassen.

3. Für das Dressing Olivenöl, Verjus, Salz und Pfeffer in einer kleinen Schüssel verquirlen. Abschmecken und bei Bedarf nachwürzen.

4. Das Dressing über den Salat gießen und alles gut vermischen, sodass der Salat gleichmäßig mit dem Dressing bedeckt ist.

5. Den Salat mit den gerösteten Kernen bestreuen und mit gehackter Petersilie garnieren.

Karottensalat mit Petersiliendressing

Zubereitungszeit: 15 Minuten
Portionen: 1 Person

Zutaten:

- 2 mittelgroße Karotten, geschält und gerieben
- 1 kleiner Apfel, gewaschen und gerieben
- 50 g Blaubeeren, gewaschen
- 3 EL frische Petersilie, fein gehackt
- 2 EL natives Olivenöl extra
- 1 EL Apfelessig
- 1 TL Honig
- Eine Prise Salz
- Eine Prise schwarzer Pfeffer

Zubereitung:

1. In einer Schüssel die geriebenen Karotten und den geriebenen Apfel mischen.

2. Blaubeeren hinzufügen und alles gut vermengen.

3. Für das Dressing in einer kleinen Schüssel Olivenöl, Apfelessig, Honig, Salz, Pfeffer und die fein gehackte Petersilie zusammenrühren, bis eine homogene Mischung entsteht.

4. Das Dressing über den Salat gießen und alles gut vermischen.

5. Den Salat für etwa 10 Minuten im Kühlschrank ziehen lassen.

6. Vor dem Verzehr nochmals gut durchmischen und in einer Salatschale anrichten.

Blumenkohlsalat mit Kurkuma

Zubereitungszeit: 20 Minuten
Portionen: 1 Person

Zutaten:

- 250 g Blumenkohl, in Röschen zerteilt
- 1 Apfel, gewürfelt
- 1 EL Kürbiskerne
- 1 kleine Möhre, fein geraspelt
- 1 EL Petersilie, fein gehackt
- 1/2 TL Kurkuma
- 1 TL Verjus
- 1 EL natives Olivenöl extra
- Salz und schwarzer Pfeffer zum Abschmecken

Zubereitung:

1. In einem großen Topf Wasser zum Kochen bringen. Die Blumenkohlröschen für etwa 5 Minuten blanchieren, bis sie bissfest sind. Abgießen und kalt abschrecken, damit der Kochprozess gestoppt wird.

2. In der Zwischenzeit den Apfel waschen, entkernen und in kleine Würfel schneiden. Die Möhre waschen, schälen und fein raspeln.

3. In einer kleinen Pfanne ohne Öl die Kürbiskerne kurz anrösten, bis sie leicht gebräunt sind. Achtung, sie verbrennen leicht!

4. Den blanchierten Blumenkohl, Apfelwürfel, geraspelte Möhre und die gerösteten Kerne in eine große Schüssel geben.

5. In einer kleinen Schüssel das Olivenöl, Verjus, Kurkuma, Salz und Pfeffer miteinander verrühren, bis eine homogene Vinaigrette entsteht.

6. Die Vinaigrette über den Salat gießen und alles gut vermengen. Zum Schluss mit der fein gehackten Petersilie bestreuen.

Feldsalat mit Aprikose und Mango

Zubereitungszeit: 15 Minuten
Portionen: 1 Person

Zutaten:

- 60 g Feldsalat, gewaschen und getrocknet
- 1 Aprikose, entkernt und in dünne Scheiben geschnitten
- 1/4 reife Mango, geschält und in kleine Würfel geschnitten
- 2 EL frische Oliven, entkernt und halbiert
- 1 EL Kürbiskerne, geröstet
- 1 EL natives Olivenöl extra
- 1 EL Verjus
- Salz und schwarzer Pfeffer, nach Geschmack
- 1 EL frischer Basilikum, fein gehackt

Zubereitung:

1. In einer großen Schüssel Feldsalat, Aprikosenscheiben und Mangowürfel vorsichtig vermengen.

2. In einer kleinen Schüssel Olivenöl, Verjus, Salz, Pfeffer und Basilikum verrühren, bis eine gleichmäßige Vinaigrette entsteht.

3. Die Vinaigrette über den Salat gießen und alles sanft vermischen, sodass der Salat gleichmäßig mit der Vinaigrette bedeckt ist.

4. Den Salat auf einen Teller geben und mit Oliven und gerösteten Kürbiskernen bestreuen.

Kartoffelsalat mit Petersilie und Karotten

Zubereitungszeit: 30 Minuten
Portionen: 1 Person

Zutaten:

- 150 g Kartoffeln, gewaschen und in Würfel geschnitten
- 80 g Karotten, geschält und in feine Scheiben geschnitten
- 1 kleiner Apfel, gewaschen und in kleine Würfel geschnitten
- 1 EL Oliven, frisch und in Scheiben geschnitten
- 1 EL Petersilie, fein gehackt
- 1 EL Leinsamen
- 2 EL natives Olivenöl extra
- 1 TL Verjus
- Salz, nach Geschmack
- Weißer Pfeffer, nach Geschmack
- 1 TL Zitronenmelisse, fein gehackt

Zubereitung:

1. Bringe in einem mittelgroßen Topf Wasser zum Kochen. Füge eine Prise Salz hinzu und koche die Kartoffelwürfel für etwa 10 Minuten, bis sie weich sind. Gib die Karottenscheiben in den letzten 3 Minuten hinzu. Abgießen und beiseite stellen.

2. In einer kleinen Schüssel Olivenöl, Verjus, gehackte Zitronenmelisse, Salz und Pfeffer vermischen, um ein Dressing zu kreieren.

3. Nimm eine größere Schüssel und vermische die Kartoffelwürfel, Karottenscheiben, Apfelwürfel, geschnittene Oliven und Leinsamen.

4. Gieße das Dressing über den Salat und mische alles gut durch. Lass den Salat kurz ziehen.

5. Zum Schluss den Salat mit der frisch gehackten Petersilie bestreuen.

Fenchelsalat mit Weintrauben und Litschi

Zubereitungszeit: 15 Minuten
Portionen: 1 Person

Zutaten:

- 1 mittelgroßer Fenchel, gewaschen und in dünne Scheiben geschnitten
- 8 frische Weintrauben, gewaschen und halbiert
- 5 Litschis, geschält und entkernt
- 2 EL natives Olivenöl extra
- 1 EL Verjus
- 1 TL Sesamsamen
- Eine Prise Salz
- Eine kleine Prise schwarzer Pfeffer, nach Bedarf
- Einige Blätter frische Petersilie, gewaschen und grob gehackt
- 1 EL Mandeln, großzügig gehackt

Zubereitung:

1. Nimm eine Salatschüssel zur Hand und füge die in Scheiben geschnittenen Fenchelstücke hinzu.

2. Mische die halbierten Weintrauben und die Litschis unter den Fenchel.

3. In einer kleinen Schale Olivenöl, Verjus, Salz und Pfeffer vermengen, um ein Dressing herzustellen.

4. Gieße das Dressing über den Salat und vermische alles gut miteinander, sodass der Salat gleichmäßig mit dem Dressing bedeckt ist.

5. Bestreue den Salat mit Sesamsamen, gehackten Mandeln und der frischen Petersilie. Guten Appetit.

Endiviensalat mit Johannisbeeren und Kürbiskernen

Zubereitungszeit: 15 Minuten
Portionen: 1 Person

Zutaten:

- 100 g Endiviensalat, gewaschen und grob gehackt
- 50 g Johannisbeeren, gewaschen und von den Rispen gelöst
- 20 g Kürbiskerne, geröstet
- 1 kleiner Apfel, gewürfelt
- 1 EL Chia-Samen
- 2 EL natives Olivenöl extra
- 1 EL Verjus
- Salz und schwarzer Pfeffer, nach Geschmack
- 1 TL Honig
- Einige Blättchen frische Petersilie, gehackt

Zubereitung:

1. In einer trockenen Pfanne die Kürbiskerne kurz rösten, bis sie anfangen zu duften. Achte darauf, dass sie nicht verbrennen. Dann vom Herd nehmen und abkühlen lassen.

2. In einer großen Salatschüssel den Endiviensalat mit den Johannisbeeren, den Apfelstücken und den gerösteten Kürbiskernen vermengen.

3. In einer kleinen Schüssel das Olivenöl, Verjus, Honig, Salz und Pfeffer zu einem Dressing vermischen. Gut verrühren, bis es eine homogene Masse ergibt.

4. Das Dressing über den Salat geben und alles gut miteinander vermischen.

5. Den Salat auf einem Teller anrichten, mit Chia-Samen bestreuen und mit der gehackten Petersilie garnieren.

Süßer Fruchtsalat mit Apfel und Kirschen

Zubereitungszeit: 15 Minuten
Portionen: 1 Person

Zutaten:

- 1 Apfel, gewaschen und gewürfelt
- 10 Kirschen, entsteint und halbiert
- 5 Erdmandeln, fein gemahlen
- 4 EL Joghurt
- 1 EL Mandeln, grob gehackt
- 1 TL Honig
- 1 Prise Zimt
- 1 EL Kokoschips
- 1 EL Chia-Samen

Zubereitung:

1. Du nimmst als Erstes den Apfel und würfelst ihn in kleine, mundgerechte Stücke.

2. Danach entsteinst du die Kirschen und halbierst sie.

3. Nimm eine Schüssel und vermische die Apfelstücke und Kirschen. Füge die gemahlenen Erdmandeln hinzu.

4. Nun gibst du den Joghurt in die Schüssel und verrührst alles gut miteinander. Wenn du magst, kannst du den Honig einrühren, um dem Salat eine zusätzliche Süße zu verleihen.

5. Die gehackten Mandeln und die Kokoschips sorgen für ein wenig Crunch in deinem Fruchtsalat. Streue sie darüber.

6. Zum Abschluss streust du die Chia-Samen darüber und gibst eine Prise Zimt dazu. Alles gut miteinander vermengen.

7. Lass den Salat für etwa 10 Minuten ziehen, damit die Chia-Samen aufquellen können.

Kürbissalat mit frischer Petersilie und Mandeln

Zubereitungszeit: 20 Minuten
Portionen: 1 Person

Zutaten:

- 200 g Kürbis, gewürfelt
- 1 EL natives Olivenöl extra
- Eine Prise Salz
- 1 EL Mandeln, grob gehackt
- Eine Handvoll frische Petersilie, gehackt
- 1 Apfel, in dünne Scheiben geschnitten
- 2 EL Joghurt
- 1 TL Dinkelsirup
- Weißer Pfeffer, nach Geschmack

Zubereitung:

1. Erhitze eine Pfanne bei mittlerer Hitze und gib das Olivenöl hinein. Füge die Kürbiswürfel hinzu und brate sie etwa 8-10 Minuten an, bis sie weich sind, aber noch etwas Biss haben. Würze mit einer Prise Salz. Vom Herd nehmen und zur Seite stellen, um abzukühlen.

2. Während der Kürbis abkühlt, röste die gehackten Mandeln in einer trockenen Pfanne leicht an, bis sie leicht goldbraun sind. Beiseite stellen.

3. In einer Salatschüssel Joghurt, Dinkelsirup und weißem Pfeffer mischen, um ein einfaches Dressing herzustellen.

4. Füge den abgekühlten Kürbis, Apfelscheiben, geröstete Mandeln und gehackte Petersilie zum Dressing in der Schüssel hinzu. Mische alles vorsichtig durch, bis alle Zutaten gut miteinander vermischt sind.

Rhabarber-Mango-Salat

Zubereitungszeit: 15 Minuten
Portionen: 1 Person

Zutaten:

- 100 g Rhabarber, gewaschen und in feine Stücke geschnitten
- 100 g Mango, geschält und gewürfelt
- 50 g Feldsalat, gewaschen und trocken geschleudert
- 1 EL natives Olivenöl extra
- 1 EL Verjus
- 1 TL Honig
- 2 EL gehackte Mandeln, leicht geröstet
- Eine Prise Salz
- Eine Prise weißer Pfeffer

Zubereitung:

1. Zunächst bereitest du den Rhabarber vor. Den Rhabarber gut waschen, die Enden entfernen und in feine Stücke schneiden.

2. Mango schälen und das Fruchtfleisch in Würfel schneiden.

3. Für das Dressing das Olivenöl, Verjus und Honig in einer kleinen Schüssel miteinander verquirlen. Mit Salz und weißem Pfeffer abschmecken.

4. Den Feldsalat auf einem Teller ausbreiten und darüber die Rhabarber- und Mangowürfel verteilen.

5. Das Dressing gleichmäßig über den Salat träufeln.

6. Zum Schluss mit den gehackten Mandeln bestreuen. Guten Appetit!

Chinakohl-Apfel-Salat mit Zimt

Zubereitungszeit: 15 Minuten
Portionen: 1 Person

Zutaten:

- 150 g Chinakohl, in feine Streifen geschnitten
- 1 mittelgroßer Apfel, gewaschen und in dünne Scheiben geschnitten
- 1 EL gehackte Mandeln
- 1 TL Zimt
- 2 EL Joghurt
- 1 TL Honig
- 1 EL natives Olivenöl extra
- Salz nach Geschmack
- Schwarzer Pfeffer nach Geschmack
- 1 EL frisch gehackte Petersilie

Zubereitung:

1. In einer großen Schüssel den Chinakohl und die Apfelscheiben vermengen.

2. In einer kleinen Schale Joghurt, Honig, Olivenöl, Zimt, Salz und Pfeffer zu einem Dressing verrühren.

3. Das Dressing über den Chinakohl und die Äpfel geben und gut vermischen, sodass alles gut bedeckt ist.

4. Die gehackten Mandeln darüberstreuen und mit der frisch gehackten Petersilie garnieren.

Artischockensalat mit Mohn und Kürbiskernen

Zubereitungszeit: 20 Minuten
Portionen: 1 Person

Zutaten:

- 1 frische Artischocke, geputzt und in Viertel geschnitten
- 1 kleiner Apfel, gewürfelt
- 50 g Feldsalat, gewaschen und getrocknet
- 1 EL Kürbiskerne, geröstet
- 1 TL Mohn
- 3 EL natives Olivenöl extra
- 1 EL Verjus
- 1 TL Dinkelsirup oder Honig
- Eine Prise Salz
- Eine Prise Schwarzer Pfeffer
- 1 EL gehackte Petersilie

Zubereitung:

1. Zuerst die Artischocken-Viertel in einem Topf mit leicht gesalzenem Wasser für etwa 10-12 Minuten kochen, bis sie weich sind. Anschließend abgießen und beiseite stellen, um sie etwas abkühlen zu lassen.

2. In einer kleinen Schüssel Olivenöl, Verjus, Dinkelsirup oder Honig, Salz und Pfeffer zu einem Dressing vermischen.

3. Den Feldsalat und die gewürfelten Äpfel in eine Salatschüssel geben. Die abgekühlten Artischockenviertel hinzufügen.

4. Das vorbereitete Dressing über den Salat gießen und alles gut vermengen.

5. Den Salat auf einen Teller geben, mit Kürbiskernen, Mohn und gehackter Petersilie bestreuen.

Süßkartoffelsalat

Zubereitungszeit: 30 Minuten
Portionen: 1 Person

Zutaten:

- 1 mittelgroße Süßkartoffel, geschält und in Würfel geschnitten
- 1 kleiner Apfel, gewürfelt
- 2 EL frische Petersilie, fein gehackt
- 1 EL frischer Basilikum, fein gehackt
- 50 g Feldsalat, gewaschen
- 1 EL Kokosnuss, geraspelt
- 2 EL natives Olivenöl extra
- 1 TL Verjus, als Zitronenalternative
- Salz und weißer Pfeffer, nach Geschmack
- 1 EL Kürbiskerne
- 1 EL Sesam

Zubereitung:

1. Wasser in einem Topf zum Kochen bringen. Die Süßkartoffelwürfel darin für etwa 10 Minuten kochen, bis sie weich, aber noch bissfest sind. Danach abgießen und kurz abkühlen lassen.

2. Während die Süßkartoffel kocht, kannst du den Apfel würfeln und mit der Petersilie, dem Basilikum und den Kokosraspeln in einer großen Salatschüssel vermengen.

3. In einer kleinen Schüssel Olivenöl, Verjus, Salz und Pfeffer vermischen und zu einer Vinaigrette rühren.

4. Die abgekühlten Süßkartoffelwürfel zum Apfel und den Kräutern in die Schüssel geben. Die Vinaigrette darüber geben und alles vorsichtig vermengen.

5. Den Salat auf einem Teller anrichten und mit Kürbiskernen und Sesam bestreuen. Fertig.

Lauchsalat mit Zitronenmelisse

Zubereitungszeit: 15 Minuten
Portionen: 1 Person

Zutaten:

- 1 Stange Lauch, gewaschen und in feine Ringe geschnitten
- 10 Blätter Zitronenmelisse, fein gehackt
- 1 Apfel, gewürfelt
- 2 EL Mandeln, grob gehackt
- 1 EL Chia-Samen
- 2 EL Joghurt
- 1 EL natives Olivenöl extra
- 1 EL Verjus
- Salz und weißer Pfeffer, nach Geschmack
- 1 TL Dinkelsirup oder Honig

Zubereitung:

1. Den gewaschenen und in feine Ringe geschnittenen Lauch in eine Salatschüssel geben.

2. Die Mandeln in einer Pfanne ohne Öl leicht anrösten, bis sie duften. Anschließend zur Seite stellen und abkühlen lassen.

3. Den gewürfelten Apfel und die gehackten Mandeln zum Lauch in die Schüssel geben.

4. In einer kleinen Schale Joghurt, Olivenöl, Verjus, fein gehackte Zitronenmelisse, Dinkelsirup oder Honig vermengen. Mit Salz und weißem Pfeffer abschmecken.

5. Das Dressing über den Lauch und Apfel gießen und alles gut vermengen.

6. Vor dem Verzehr die Chia-Samen über den Salat streuen.

Rotkohlsalat mit Preiselbeeren und Weintrauben

Zubereitungszeit: 20 Minuten
Portionen: 1 Person

Zutaten:

- 150 g Rotkohl, fein geschnitten
- 50 g Weintrauben, halbiert
- 2 EL Preiselbeeren, frisch
- 1 kleiner Apfel, gewürfelt
- 3 EL Joghurt
- 1 TL Honig
- 1 EL natives Olivenöl extra
- Salz und weißer Pfeffer (nach Geschmack)
- 1 TL Petersilie, fein gehackt
- 1 EL Mandeln, grob gehackt

Zubereitung:

1. Den fein geschnittenen Rotkohl in eine Schüssel geben.

2. Die halbierten Weintrauben, gewürfelten Äpfel und Preiselbeeren zum Rotkohl hinzufügen.

3. In einer kleinen Schüssel Joghurt, Honig und Olivenöl miteinander verrühren. Mit Salz und weißem Pfeffer abschmecken.

4. Das Dressing über den Salat gießen und alles gut miteinander vermengen.

5. Zum Schluss den Salat mit gehackter Petersilie und Mandeln bestreuen.

Suppen

Kürbissuppe

Zubereitungszeit: 30 Minuten
Portionen: 1 Person

Zutaten:

- 250 g Hokkaido-Kürbis, gewürfelt
- 1 kleine Zwiebel, gewürfelt
- 1 kleine Kartoffel, gewürfelt
- 1 TL Muskat, frisch gerieben
- 2 TL natives Olivenöl extra
- 500 ml Gemüsebrühe, hefefrei und ohne Geschmacksverstärker
- 1 EL Sahne
- Salz und weißer Pfeffer nach Geschmack
- 1 EL Kürbiskerne
- Einige Blätter Petersilie, gehackt
- 1 TL Butter

Zubereitung:

1. In einem mittelgroßen Topf das Olivenöl erhitzen. Zwiebeln darin glasig dünsten.
2. Die gewürfelten Kürbis- und Kartoffelstücke hinzufügen und kurz mit den Zwiebeln anbraten.
3. Die Gemüsebrühe angießen und alles zum Kochen bringen. Bei mittlerer Hitze etwa 20 Minuten köcheln lassen, bis der Kürbis und die Kartoffeln weich sind.
4. Den Topf vom Herd nehmen und den Inhalt mit einem Pürierstab zu einer cremigen Suppe pürieren.
5. Die Sahne unterrühren und mit Salz, weißem Pfeffer und Muskat abschmecken.
6. In einer kleinen Pfanne die Butter schmelzen und die Kürbiskerne darin leicht rösten, bis sie duften.
7. Die Suppe in eine Schale füllen und mit den gerösteten Kürbiskernen und gehackter Petersilie garnieren. Lass es dir schmecken!

Kartoffelsuppe mit Petersilie und Karotten

Zubereitungszeit: 25 Minuten
Portionen: 1 Person

Zutaten:

- 2 mittelgroße Kartoffeln, gewürfelt
- 1 Karotte, in Scheiben geschnitten
- 1 kleine Zwiebel, gewürfelt
- 1 EL Butter
- 500 ml Wasser
- 1 TL Gemüsebrühe, hefefrei und ohne Geschmacksverstärker
- 1 EL Petersilie, fein gehackt
- 1 EL natives Olivenöl extra
- Salz und schwarzer Pfeffer zum Abschmecken

Zubereitung:

1. In einem Topf die Butter erhitzen und die Zwiebel darin glasig dünsten.
2. Kartoffelwürfel und Karottenscheiben hinzufügen und kurz anbraten.
3. Mit Wasser ablöschen und die Gemüsebrühe hinzufügen.
4. Alles zum Kochen bringen und dann auf mittlerer Hitze etwa 20 Minuten köcheln lassen, bis die Kartoffeln und Karotten weich sind.
5. Die Suppe vom Herd nehmen und leicht abkühlen lassen. Dann mit einem Pürierstab oder Mixer die Suppe zu einer glatten Konsistenz pürieren.
6. Petersilie und Olivenöl hinzufügen und gut umrühren.
7. Mit Salz und Pfeffer abschmecken und noch einmal erhitzen, falls nötig.

Pastinakensuppe

Zubereitungszeit: 25 Minuten
Portionen: 1 Person

Zutaten:

- 200 g Pastinake, gewürfelt
- 1 kleine Zwiebel, gewürfelt
- 1 EL natives Olivenöl extra
- 250 ml Hühner- oder Gemüsebrühe, hefefrei und ohne Geschmacksverstärker
- 50 ml Kokosmilch
- 1/2 TL Kurkuma
- Salz und schwarzer Pfeffer nach Geschmack
- 1 EL Petersilie, fein gehackt (zum Garnieren)

Zubereitung:

1. In einem mittelgroßen Topf das Olivenöl erhitzen. Die gewürfelte Zwiebel darin glasig dünsten.

2. Die gewürfelten Pastinaken hinzufügen und für etwa 5 Minuten anbraten, bis sie leicht goldbraun sind.

3. Kurkuma über die Pastinaken streuen und kurz mit anrösten.

4. Mit der Brühe ablöschen und zum Kochen bringen. Die Suppe auf kleiner Flamme ca. 15 Minuten köcheln lassen, bis die Pastinaken weich sind.

5. Die Suppe vom Herd nehmen und mit einem Stabmixer oder im Standmixer pürieren, bis sie eine glatte Konsistenz hat.

6. Die Kokosmilch einrühren und die Suppe erneut erhitzen, aber nicht kochen lassen. Mit Salz und Pfeffer abschmecken.

7. Die Suppe in eine Schüssel füllen und mit der gehackten Petersilie garnieren.

Blumenkohlsuppe mit Mandeln

Zubereitungszeit: 25 Minuten
Portionen: 1 Person

Zutaten:

- 200 g Blumenkohl, in Röschen geteilt
- 30 g Mandeln, grob gehackt
- 1 EL natives Olivenöl extra
- 250 ml Mandelmilch
- 1 kleine Zwiebel, gewürfelt
- 1 kleine Knoblauchzehe, fein gehackt
- 500 ml Gemüsebrühe, hefefrei und ohne Geschmacksverstärker
- Salz nach Geschmack
- Schwarzer Pfeffer nach Geschmack
- 1 TL frischer Thymian, gehackt
- 1 TL Petersilie, gehackt

Zubereitung:

1. In einem großen Topf das Olivenöl erhitzen. Die gewürfelte Zwiebel darin glasig dünsten.

2. Knoblauch hinzufügen und kurz mitdünsten, bis er duftet.

3. Blumenkohlröschen in den Topf geben und für etwa 5 Minuten anbraten, bis sie leicht goldbraun sind.

4. Die Gemüsebrühe und Mandelmilch hinzugießen und alles zum Kochen bringen.

5. Sobald der Blumenkohl weich ist, die Suppe mit einem Stabmixer pürieren, bis sie eine cremige Konsistenz hat.

6. Die Suppe mit Salz, schwarzem Pfeffer und Thymian abschmecken.

7. In einer kleinen Pfanne die gehackten Mandeln ohne Öl anrösten, bis sie goldbraun sind.

8. Die Suppe in eine Schale geben, mit den gerösteten Mandeln und gehackter Petersilie garnieren. Guten Appetit.

Fenchelsuppe

Zubereitungszeit: 30 Minuten
Portionen: 1 Person

Zutaten:

- 1 Fenchelknolle, gewaschen und in dünne Scheiben geschnitten
- 1 kleine Karotte, gewaschen und in Scheiben geschnitten
- 1 TL Ingwer, frisch gerieben
- 500 ml Wasser
- 2 TL natives Olivenöl extra
- 1 TL Gemüsebrühe, hefefrei und ohne Geschmacksverstärker
- Salz, nach Geschmack
- Weißer Pfeffer, nach Geschmack
- 1 EL Mandelmilch, optional
- 1 TL Petersilie, gehackt, zum Garnieren

Zubereitung:

1. Erhitze das Olivenöl in einem Topf. Gib die Fenchelscheiben, Karottenscheiben und den frisch geriebenen Ingwer hinzu. Dünste alles für etwa 5-7 Minuten an, bis die Zutaten weich werden und leicht karamellisieren.

2. Gib das Wasser in den Topf und rühre die Gemüsebrühe unter. Lass die Suppe für 20 Minuten bei mittlerer Hitze köcheln.

3. Nachdem die Zutaten weich gekocht sind, nimm den Topf vom Herd. Falls du eine cremigere Konsistenz wünschst, gib die Mandelmilch hinzu und püriere die Suppe mit einem Stabmixer, bis sie glatt ist.

4. Schmecke die Suppe mit Salz und weißem Pfeffer ab.

5. Serviere die Suppe in einer Schüssel und garniere mit gehackter Petersilie.

Zucchinicremesuppe

Zubereitungszeit: 25 Minuten
Portionen: 1 Person

Zutaten:

- 1 mittelgroße Zucchini, gewaschen und in Scheiben geschnitten
- 1 kleine Kartoffel, geschält und gewürfelt
- 1 TL natives Olivenöl extra
- 1/2 Zwiebel, gewürfelt
- 1 TL Petersilie, gehackt
- 1/2 TL Thymian
- 300 ml Wasser
- 50 ml Hafermilch
- Salz und weißer Pfeffer, nach Geschmack
- 1 EL Mandeln, grob gehackt (zum Garnieren)

Zubereitung:

1. Erhitze das Olivenöl in einem Topf und füge die Zwiebelwürfel hinzu. Dünste die Zwiebeln, bis sie glasig sind.

2. Füge die Zucchinischeiben und Kartoffelwürfel zum Topf hinzu. Lass sie einige Minuten mitdünsten, bis sie leicht angebraten sind.

3. Gib Wasser und Hafermilch in den Topf und lass das Ganze auf mittlerer Hitze für etwa 15 Minuten köcheln, bis die Kartoffeln und Zucchini weich sind.

4. Nachdem alles gut gekocht ist, püriere die Suppe mit einem Stabmixer, bis sie eine glatte Konsistenz hat.

5. Schmecke die Suppe mit Salz, weißem Pfeffer, Petersilie und Thymian ab.

6. Gib die Suppe in eine Schüssel und garniere sie mit den gehackten Mandeln.

Artischockensuppe

Zubereitungszeit: 25 Minuten
Portionen: 1 Person

Zutaten:

- 1 frische Artischocke, geputzt und in Stücke geschnitten
- 1 kleine Kartoffel, geschält und gewürfelt
- 1 kleine Karotte, geschält und gewürfelt
- 1 EL Butter
- 500 ml Wasser
- 1 kleine Zwiebel, gewürfelt
- 1 TL frische Petersilie, gehackt
- Salz und schwarzer Pfeffer, nach Geschmack
- 50 ml frische Sahne
- 1 TL natives Olivenöl extra

Zubereitung:

1. Erhitze die Butter in einem Topf und dünste die Zwiebel darin glasig. Gib die Kartoffel- und Karottenwürfel dazu und dünste sie kurz mit.

2. Füge die Artischockenstücke hinzu und rühre sie gut um, sodass sie von der Butter ummantelt sind.

3. Gieße das Wasser hinzu, sodass die Gemüsestücke bedeckt sind. Lass die Suppe auf mittlerer Hitze etwa 20 Minuten köcheln, bis die Gemüsestücke weich sind.

4. Nimm den Topf vom Herd und püriere die Suppe mit einem Stabmixer, bis sie eine glatte Konsistenz hat.

5. Stelle den Topf wieder auf den Herd und erhitze die Suppe erneut. Gib die Sahne und das Olivenöl hinzu und rühre gut um. Würze mit Salz und Pfeffer.

6. Gib die Suppe in eine Schüssel und garniere sie mit der gehackten Petersilie.

Mangoldsuppe mit Mandeltopping

Zubereitungszeit: 30 Minuten
Portionen: 1 Person

Zutaten:

- 100 g frischer Mangold, gewaschen und grob gehackt
- 1 kleine Zwiebel, gewürfelt
- 1 kleine Karotte, gewürfelt
- 1 kleine Kartoffel, gewürfelt
- 500 ml Gemüsebrühe, hefefrei und ohne Geschmacksverstärker
- 1 EL natives Olivenöl extra
- 1 EL Mandeln, grob gehackt
- 2 EL Mandelmilch
- 1 TL Salz
- Ein wenig frisch gemahlener weißer Pfeffer
- 1 TL frischer Thymian, gehackt

Zubereitung:

1. In einem mittelgroßen Topf das Olivenöl erhitzen. Zwiebel und Karotte darin anbraten, bis sie weich sind.

2. Die Kartoffelwürfel hinzufügen und kurz mitanbraten.

3. Mit der Gemüsebrühe ablöschen und zum Kochen bringen. Den Mangold hinzufügen.

4. Die Suppe bei mittlerer Hitze 20 Minuten köcheln lassen.

5. Während die Suppe kocht, eine kleine Pfanne ohne Öl erhitzen und die gehackten Mandeln darin anrösten, bis sie goldbraun sind. Beiseite stellen.

6. Nach 20 Minuten die Suppe vom Herd nehmen und mit einem Pürierstab fein pürieren. Sollte sie zu dick sein, etwas Mandelmilch hinzufügen, um die gewünschte Konsistenz zu erreichen.

7. Mit Salz, weißem Pfeffer und Thymian abschmecken.

8. Die Suppe in eine Schüssel geben und mit den gerösteten Mandeln bestreuen.

Zwiebelsuppe mit Thymian und Petersilie

Zubereitungszeit: 25 Minuten
Portionen: 1 Person

Zutaten:

- 1 große Zwiebel, gewürfelt
- 1 EL Rapsöl
- 2 Kartoffeln, gewürfelt
- 1 TL frischer Thymian, gehackt
- 1 EL frische Petersilie, gehackt
- 500 ml Gemüsebrühe, hefefrei und ohne Geschmacksverstärker
- 1 Prise Salz
- 1 Prise weißer Pfeffer
- 50 ml Sahne
- 1 EL Butter
- 2 TL Dinkelsirup, optional
- 1 kleines Stück Ingwer (ca. 1 cm), fein gerieben

Zubereitung:

1. In einem mittelgroßen Topf das Rapsöl erhitzen. Die gewürfelte Zwiebel darin glasig anbraten.

2. Kartoffelwürfel und Ingwer hinzufügen und einige Minuten mit anbraten, bis alles schön angebräunt ist.

3. Mit der Gemüsebrühe ablöschen. Thymian, Salz und Pfeffer hinzufügen. Auf mittlerer Hitze 15 Minuten köcheln lassen, bis die Kartoffeln weich sind.

4. Petersilie und Sahne hinzufügen und alles gut verrühren.

5. Die Suppe vom Herd nehmen und Butter unterrühren, bis sie vollständig geschmolzen ist. Falls gewünscht, für eine leichte Süße Dinkelsirup hinzufügen.

6. Mit einem Stabmixer oder in einem Standmixer pürieren, bis die Suppe eine cremige Konsistenz hat. Nochmals abschmecken und ggf. nachwürzen.

7. In eine Schüssel füllen, mit ein paar Thymianblättern und Petersilie garnieren.

Wirsingcremesuppe

Zubereitungszeit: 25 Minuten
Portionen: 1 Person

Zutaten:

- 150 g frischer Wirsing, grob gehackt
- 1 kleine Zwiebel, gewürfelt
- 1 Kartoffel, gewürfelt
- 1 TL Rapsöl
- 400 ml frische Milch
- 1 TL Gemüsebrühe, hefefrei und ohne Geschmacksverstärker
- Salz und weißer Pfeffer nach Geschmack
- Einige Pinienkerne zum Garnieren

Zubereitung:

1. Erhitze das Rapsöl in einem mittelgroßen Topf. Füge die Zwiebelwürfel hinzu und dünste sie, bis sie glasig sind.
2. Gib den gehackten Wirsing und die gewürfelte Kartoffel in den Topf. Lass alles für ca. 5 Minuten anbraten, dabei gelegentlich umrühren.
3. Füge die Milch und die Gemüsebrühe hinzu. Lass die Suppe auf mittlerer Hitze köcheln, bis der Wirsing und die Kartoffeln weich sind. Das sollte etwa 15 Minuten dauern.
4. Nutze einen Stabmixer oder einen Standmixer, um die Suppe zu pürieren, bis sie cremig und glatt ist. Wenn sie dir zu dickflüssig erscheint, kannst du noch etwas Milch hinzufügen.
5. Schmecke die Suppe mit Salz und weißem Pfeffer ab.
6. Serviere die Suppe garniert mit einigen Pinienkernen.

Pak Choi-Gemüsesuppe

Zubereitungszeit: 30 Minuten
Portionen: 1 Person

Zutaten:

- 1 Pak Choi, gewaschen und in Streifen geschnitten
- 1 Karotte, gewaschen und in dünne Scheiben geschnitten
- 1 kleine Zwiebel, gewürfelt
- 1 TL frischer Ingwer, fein gehackt
- 700 ml Gemüsebrühe, hefefrei und ohne Geschmacksverstärker
- 1 EL natives Olivenöl extra
- 1 EL Mandeln, grob gehackt
- Salz und schwarzer Pfeffer zum Würzen
- Einige frische Petersilienblätter, gehackt

Zubereitung:

1. In einem mittelgroßen Topf das Olivenöl erhitzen und die Zwiebel darin glasig anbraten.
2. Den Ingwer hinzufügen und kurz mitbraten, bis er sein Aroma freisetzt.
3. Die Karottenscheiben dazugeben und für etwa 5 Minuten weiterbraten, bis sie leicht weich werden.
4. Die Gemüsebrühe in den Topf geben und zum Kochen bringen.
5. Den Pak Choi hinzufügen und für weitere 10 Minuten köcheln lassen.
6. Während die Suppe kocht, die Mandeln in einer kleinen Pfanne ohne Öl anrösten, bis sie goldbraun sind.
7. Die Suppe mit Salz und Pfeffer abschmecken.
8. Die Suppe in eine Schüssel geben und mit gerösteten Mandeln und frischer Petersilie garnieren.

Knollensellerie-Suppe

Zubereitungszeit: 25 Minuten
Portionen: 1 Person

Zutaten:

- 300 g Knollensellerie, geschält und gewürfelt
- 1 kleine Zwiebel, fein gewürfelt
- 1 EL natives Olivenöl extra
- 1 TL Kurkuma
- 1/2 TL Schwarzer Pfeffer
- 1/4 TL Salz
- 500 ml Wasser
- 100 ml Hafermilch
- 1 TL Butter
- 1 EL gehackte Petersilie

Zubereitung:

1. In einem mittelgroßen Topf das Olivenöl erhitzen. Die Zwiebel darin glasig dünsten, bis sie weich wird.

2. Die gewürfelte Knollensellerie hinzufügen und einige Minuten mitdünsten, bis die Stücke leicht goldbraun werden.

3. Kurkuma, schwarzen Pfeffer und Salz hinzugeben und gut umrühren, sodass die Selleriewürfel gleichmäßig gewürzt sind.

4. Das Wasser in den Topf gießen und zum Kochen bringen. Bei mittlerer Hitze 15 Minuten köcheln lassen, bis der Knollensellerie weich ist.

5. Den Topf vom Herd nehmen und die Hafermilch hinzufügen. Die Suppe mit einem Stabmixer oder in einem Standmixer pürieren, bis sie glatt und cremig ist.

6. Die Suppe zurück in den Topf geben und bei Bedarf nochmals erhitzen. Die Butter hineinrühren, bis sie geschmolzen ist.

7. Zum Schluss die Suppe in eine Schale geben und mit gehackter Petersilie garnieren.

Rotkohl-Suppe mit Mandelstreuseln

Zubereitungszeit: 30 Minuten
Portionen: 1 Person

Zutaten:

- 150 g Rotkohl, gewaschen und in dünne Streifen geschnitten
- 1 kleines Stück Knoblauch, fein gehackt
- 1 kleine Kartoffel, gewürfelt
- 25 g Mandeln, grob gehackt
- 1 EL Butter
- 1 TL natives Olivenöl extra
- 250 ml Wasser oder Gemüsebrühe (hefefrei und ohne Geschmacksverstärker)
- Salz und schwarzer Pfeffer zum Abschmecken
- Ein kleiner Zweig Petersilie, fein gehackt

Zubereitung:

1. In einem kleinen Topf die Butter und das Olivenöl bei mittlerer Hitze schmelzen lassen.

2. Den fein gehackten Knoblauch darin andünsten, bis er duftet, aber nicht braun wird.

3. Die gewürfelte Kartoffel und den Rotkohl hinzufügen und für etwa 5 Minuten weiter dünsten, bis der Rotkohl etwas weicher wird.

4. Das Wasser oder die Gemüsebrühe hinzufügen und zum Kochen bringen. Dann die Hitze reduzieren und 15-20 Minuten köcheln lassen, bis der Rotkohl und die Kartoffeln weich sind.

5. In der Zwischenzeit in einer kleinen Pfanne die grob gehackten Mandeln ohne Fett goldbraun rösten und beiseite stellen.

6. Wenn der Rotkohl und die Kartoffeln weich gekocht sind, die Suppe vom Herd nehmen und vorsichtig mit einem Pürierstab oder einem Mixer pürieren, bis sie eine gleichmäßige Konsistenz hat.

7. Die Suppe erneut erwärmen und mit Salz und Pfeffer abschmecken.

8. Die Rotkohlsuppe in eine Schüssel füllen und mit den gerösteten Mandeln und der gehackten Petersilie bestreuen.

Fenchel-Preiselbeersuppe

Zubereitungszeit: 30 Minuten
Portionen: 1 Person

Zutaten:

- 1 kleiner Fenchel, gewaschen und in dünne Scheiben geschnitten
- 2 EL Preiselbeeren, frisch oder tiefgekühlt
- 1 kleine Kartoffel, geschält und gewürfelt
- 1 kleine Zwiebel, fein gewürfelt
- 1 TL Butter
- 500 ml Gemüsebrühe, hefefrei und ohne Geschmacksverstärker
- 1 TL natives Olivenöl extra
- Salz und schwarzer Pfeffer zum Abschmecken
- 1 EL Mandeln, grob gehackt
- 1 TL frische Petersilie, fein gehackt

Zubereitung:

1. In einem mittelgroßen Topf die Butter und das Olivenöl erhitzen. Die Zwiebel darin glasig dünsten.

2. Fenchelscheiben hinzufügen und für etwa 5 Minuten anbraten, bis sie leicht goldbraun sind.

3. Kartoffelwürfel und Preiselbeeren dazugeben und kurz mit anbraten.

4. Mit der Gemüsebrühe ablöschen und zum Kochen bringen. Auf kleiner Flamme etwa 20 Minuten köcheln lassen, bis die Kartoffeln weich sind.

5. Mit einem Stabmixer oder in einem Standmixer die Suppe pürieren, bis sie eine gleichmäßige und cremige Konsistenz hat.

6. Mit Salz und Pfeffer abschmecken.

7. Die Suppe in eine Schüssel geben und mit gehackten Mandeln und Petersilie garnieren. Guten Appetit!

Hauptgerichte

Zucchini-Pfanne mit Kartoffeln

Zubereitungszeit: 25 Minuten
Portionen: 1 Person

Zutaten:

- 1 mittelgroße Zucchini, gewürfelt
- 2 mittelgroße Kartoffeln, gewürfelt
- 2 EL natives Olivenöl extra
- 1 kleine Zwiebel, fein gewürfelt
- 1 TL frische Petersilie, gehackt
- Salz und schwarzer Pfeffer
- 1 EL Mandeln, gehackt
- 50 ml Kokosmilch
- 1/2 TL Kurkuma

Zubereitung:

1. Die Kartoffelwürfel in einem Topf mit kochendem Wasser für etwa 10 Minuten vorkochen, bis sie fast gar sind. Anschließend abgießen und zur Seite stellen.

2. In einer Pfanne das Olivenöl erhitzen und die fein gewürfelte Zwiebel darin glasig anbraten.

3. Die Zucchiniwürfel hinzufügen und für 5 Minuten mitbraten, bis sie leicht gebräunt sind.

4. Die vorgekochten Kartoffelwürfel zur Pfanne hinzugeben. Alles gut vermischen und für weitere 5 Minuten braten.

5. Kokosmilch, gehackte Mandeln und Kurkuma hinzufügen. Gut vermischen und noch 2-3 Minuten köcheln lassen, bis alles gut durchgewärmt ist.

6. Mit Salz und schwarzem Pfeffer abschmecken und mit der frisch gehackten Petersilie bestreuen.

Kartoffelauflauf

Zubereitungszeit: 35 Minuten
Portionen: 1 Person

Zutaten:

- 200 g Kartoffeln, gewaschen und in dünne Scheiben geschnitten
- 1 mittelgroße Karotte, gewaschen und in dünne Scheiben geschnitten
- 1 EL natives Olivenöl extra
- 1 TL frische Petersilie, gehackt
- 100 ml Sahne
- 1 Bio-Ei
- 30 g Gouda (jung), gerieben
- Salz und weißer Pfeffer nach Geschmack

Zubereitung:

1. Du beginnst damit, den Ofen auf 200 Grad vorzuheizen.

2. Währenddessen die Kartoffel- und Karottenscheiben in einer Schüssel mit Olivenöl vermischen. Mit Salz und weißem Pfeffer würzen.

3. In einer separaten Schüssel Sahne, Ei, gehackte Petersilie und die Hälfte des geriebenen Goudas verquirlen. Die Mischung mit Salz und weißem Pfeffer abschmecken.

4. Die Kartoffel- und Karottenscheiben in eine kleine Auflaufform schichten und gleichmäßig verteilen.

5. Die Sahne-Ei-Mischung darüber gießen, so dass die Kartoffel- und Karottenscheiben gut bedeckt sind.

6. Mit dem restlichen Gouda bestreuen.

7. Den Auflauf im vorgeheizten Ofen für ca. 25-30 Minuten backen, bis er goldbraun und die Kartoffeln weich sind.

8. Den Auflauf aus dem Ofen nehmen und kurz abkühlen lassen. Danach mit etwas frischer Petersilie bestreuen.

Pastinakenpuffer mit Apfelchutney

Zubereitungszeit: 30 Minuten
Portionen: 1 Person

Zutaten:

- 2 mittelgroße Pastinaken, geschält und grob gerieben
- 1 Apfel, geschält, entkernt und fein gewürfelt
- 2 EL Haferflocken
- 1 Bio-Ei
- 2 EL Mandelmilch
- 1 TL frisch gehackter Petersilie
- Salz und schwarzer Pfeffer
- 1 EL natives Olivenöl extra zum Braten
- 1 EL Honig
- 1/2 TL Kurkuma
- 1 EL Essigessenz

Zubereitung:

1. Nimm eine mittelgroße Schüssel und vermische die geriebenen Pastinaken mit Haferflocken, Ei, Mandelmilch, Petersilie, Salz und Pfeffer. Mische die Zutaten gut durch, bis eine gleichmäßige Masse entsteht.

2. Erhitze das Olivenöl in einer großen Pfanne bei mittlerer Hitze. Mit Hilfe eines Löffels setzt du Portionen der Pastinakenmasse in die Pfanne und drückst sie leicht flach, um Puffer zu formen. Brate die Puffer von beiden Seiten goldbraun an. Das dauert ungefähr 3-4 Minuten pro Seite.

3. Während die Pastinakenpuffer braten, beginne mit der Zubereitung des Apfelchutneys. In einem kleinen Topf vermischt du die gewürfelten Äpfel, Honig, Kurkuma und Essigessenz. Lass das Ganze bei niedriger Hitze köcheln, bis die Äpfel weich sind und die Flüssigkeit etwas reduziert ist. Dies dauert ungefähr 10-15 Minuten.

4. Nachdem das Chutney eingedickt ist, nimm es vom Herd und lass es kurz abkühlen.

5. Serviere die Pastinakenpuffer mit einem Klecks Apfelchutney.

Blumenkohl-Pfanne mit Mandeln

Zubereitungszeit: 25 Minuten
Portionen: 1 Person

Zutaten:

- 150 g Blumenkohl, in kleine Röschen geteilt
- 150 g Brokkoli, in kleine Röschen geteilt
- 20 g Mandeln, grob gehackt
- 1 kleiner Apfel, gewürfelt
- 1 EL Butter
- 1 EL natives Olivenöl extra
- 1 TL frischer Ingwer, fein gerieben
- 1 EL Petersilie, fein gehackt
- Salz und schwarzer Pfeffer, zum Abschmecken

Zubereitung:

1. Erhitze Butter und Olivenöl in einer großen Pfanne bei mittlerer Hitze.

2. Füge den Blumenkohl und Brokkoli hinzu und brate sie 5-7 Minuten lang an, bis sie leicht goldbraun und leicht knusprig sind.

3. Während die Gemüse in der Pfanne sind, gebe die gehackten Mandeln hinzu und röste sie, bis sie golden sind.

4. Füge nun die Apfelwürfel hinzu und brate sie weitere 3-4 Minuten mit.

5. Mische den frischen Ingwer unter und lass alles gut durchziehen.

6. Schmecke mit Salz und Pfeffer ab und gib die Petersilie darüber.

7. Zum Schluss alles gut durchmischen.

Kartoffelpfanne

Zubereitungszeit: 25 Minuten
Portionen: 1 Person

Zutaten:

- 2 mittelgroße Kartoffeln, gewaschen und in kleine Würfel geschnitten
- 1 kleiner Lauch, gewaschen und in Ringe geschnitten
- 2 EL Kürbiskerne
- 1 EL Rapsöl
- 2 TL Butter
- 1 kleine Zwiebel, gewürfelt
- 1 TL Kurkuma
- 1 Prise Muskat
- Salz und schwarzer Pfeffer, zum Abschmecken
- 1 EL Frischkäse
- 1 TL Petersilie, gehackt

Zubereitung:

1. Erhitze das Rapsöl in einer Pfanne bei mittlerer Hitze. Gib die Zwiebelwürfel hinzu und dünste sie, bis sie glasig sind.

2. Füge die Kartoffelwürfel hinzu und brate sie goldbraun. Dies kann etwa 10-12 Minuten dauern. Bewege sie regelmäßig, um ein gleichmäßiges Anbraten zu gewährleisten.

3. Wenn die Kartoffeln fast gar sind, gib den Lauch hinzu und brate alles zusammen, bis der Lauch weich und die Kartoffeln vollständig durchgegart sind.

4. In der Zwischenzeit röste die Kürbiskerne in einer kleinen separaten Pfanne ohne Öl, bis sie anfangen zu knistern und leicht goldbraun sind. Vorsicht, sie können leicht verbrennen!

5. Gib Kurkuma, Muskat, Salz und Pfeffer zur Kartoffel-Lauch-Mischung und rühre gut um.

6. Zum Schluss die Butter und den Frischkäse unterrühren, bis alles schön cremig wird. Bei Bedarf kannst du hier auch einen Schluck Hafermilch oder Reismilch hinzufügen, um die Konsistenz anzupassen.

7. Bestreue deine Kartoffelpfanne zum Schluss mit den gerösteten Kürbiskernen und der gehackten Petersilie.

Gebackene Süßkartoffel mit Kokosnussmus

Zubereitungszeit: 40 Minuten
Portionen: 1 Person

Zutaten:

- 1 mittelgroße Süßkartoffel, gewaschen
- 1 EL Kokosnussmus
- 1 TL Honig
- 2 EL Kokosmilch
- 1 EL Mandeln, gehackt
- Eine Prise Vanille
- Eine Prise Salz
- Einige frische Blaubeeren
- 1 TL Butter
- 1 TL natives Olivenöl extra

Zubereitung:

1. Heize deinen Ofen auf 200 Grad vor.

2. Steche die Süßkartoffel mehrmals mit einer Gabel ein. Lege sie auf ein Backblech und beträufle sie mit dem Olivenöl. Backe die Süßkartoffel etwa 30 Minuten lang, bis sie weich und gut durchgegart ist.

3. Während die Süßkartoffel im Ofen ist, bereite das Kokosnussmus-Topping vor. In einer kleinen Schüssel vermische das Kokosnussmus, Kokosmilch, Honig, Vanille und Salz. Mische alles gut durch, bis eine glatte Creme entsteht.

4. In einer kleinen Pfanne die Butter schmelzen und die gehackten Mandeln darin goldbraun rösten. Achte darauf, sie nicht zu verbrennen.

5. Sobald die Süßkartoffel fertig ist, schneide sie in der Mitte auf, aber nicht komplett durch. Drücke beide Enden leicht zusammen, sodass die Mitte sich ein wenig öffnet.

6. Fülle die geöffnete Süßkartoffel mit der Kokosnussmus-Creme. Bestreue sie mit den gerösteten Mandeln und den frischen Blaubeeren.

Mungobohnensprossen-Pfanne mit Artischocken

Zubereitungszeit: 20 Minuten
Portionen: 1 Person

Zutaten:

- 150 g Mungobohnensprossen, gewaschen
- 1 mittelgroße Artischocke, in feine Scheiben geschnitten und Stiel entfernt
- 1 Apfel, gewürfelt
- 1 Karotte, gewaschen und in dünne Streifen geschnitten
- 1 kleine Zwiebel, fein gehackt
- 1 EL Rapsöl
- 1 TL frischer Ingwer, gerieben
- 1 EL Petersilie, gehackt
- Salz und schwarzer Pfeffer, nach Geschmack
- 50 ml Kokosmilch
- 1 TL Sesamsamen

Zubereitung:

1. In einer großen Pfanne das Rapsöl auf mittlerer Flamme erhitzen. Zwiebeln hinzufügen und für etwa 2 Minuten glasig dünsten.

2. Den geriebenen Ingwer, Artischockenscheiben und Karottenstreifen in die Pfanne geben. Alles gut umrühren und für 5 Minuten anbraten, bis die Artischocken weich werden.

3. Mungobohnensprossen und Apfelwürfel hinzufügen. Weiterhin für 3-4 Minuten köcheln lassen, dabei regelmäßig umrühren.

4. Kokosmilch in die Pfanne gießen und alles gut vermengen. Die Hitze reduzieren und die Mischung für weitere 2 Minuten köcheln lassen.

5. Mit Salz und schwarzem Pfeffer abschmecken.

6. Die Pfanne vom Herd nehmen und die gehackte Petersilie unterrühren.

7. Das Gericht auf einem Teller anrichten und mit Sesamsamen bestreuen.

Gebackene Kürbisscheiben

Zubereitungszeit: 25 Minuten
Portionen: 1 Person

Zutaten:

- 1/4 kleiner Hokkaido-Kürbis, in etwa 1 cm dicke Scheiben geschnitten
- 2 EL natives Olivenöl extra
- Eine Prise Muskat
- Eine Prise Salz
- Eine Prise Schwarzer Pfeffer
- 50 ml Kokosmilch
- 1 EL frische Petersilie, fein gehackt
- 30 g Feta, zerkrümelt (alternativ Ziegenkäse)
- Einige Kürbiskerne

Zubereitung:

1. Heize deinen Ofen auf 200 Grad vor.

2. Lege die Kürbisscheiben auf ein mit Backpapier ausgelegtes Backblech. Träufle das Olivenöl über die Scheiben und bestreue sie mit Muskat, Salz und Pfeffer. Verteile das Olivenöl und die Gewürze sanft auf den Kürbisscheiben, damit sie gut bedeckt sind.

3. Gib die Kürbisscheiben in den vorgeheizten Ofen und backe sie 15-20 Minuten lang, bis sie weich und leicht goldbraun sind.

4. Während die Kürbisscheiben backen, vermische in einer kleinen Schüssel die Kokosmilch und die gehackte Petersilie, um eine cremige Sauce zu erhalten.

5. Sobald die Kürbisscheiben fertig sind, nimm sie aus dem Ofen und lege sie auf einen Teller. Beträufle sie mit der Kokosmilch-Petersilien-Sauce und bestreue sie mit zerkrümeltem Feta und einigen Kürbiskernen.

Zucchini-Pasta mit Pesto

Zubereitungszeit: 25 Minuten
Portionen: 1 Person

Zutaten:

- 1 mittelgroße Zucchini, in Spaghetti-Form geschnitten
- 3 EL Mandeln, grob gehackt
- 1 Handvoll frischer Basilikum, gewaschen und grob gehackt
- 2 EL natives Olivenöl extra
- 1 EL Butterkäse, gerieben
- 1 TL Zitronenmelisse, fein gehackt
- Salz und weißer Pfeffer, nach Geschmack
- 1 TL Rapsöl zum Anbraten

Zubereitung:

1. Du beginnst damit, die Mandeln in einer Pfanne ohne Öl leicht anzurösten, bis sie eine goldbraune Farbe haben. Dann nimmst du sie aus der Pfanne und lässt sie abkühlen.

2. Gib nun die gerösteten Mandeln, den Basilikum, das Olivenöl, den Butterkäse, die Zitronenmelisse, Salz und Pfeffer in einen Mixer oder Mörser. Alles gut durchmixen oder zerstoßen, bis eine gleichmäßige Pesto-Konsistenz entsteht. Das Pesto dann beiseite stellen.

3. In derselben Pfanne, in der die Mandeln geröstet wurden, erhitzt du das Rapsöl und fügst die Zucchini-Spaghetti hinzu. Brate sie 2-3 Minuten an, bis sie leicht gebräunt sind und noch Biss haben.

4. Jetzt mischst du das Mandel-Basilikum-Pesto unter die Zucchini-Pasta und lässt alles nochmals kurz erhitzen.

5. Richte die Zucchini-Pasta in einem tiefen Teller an.

Mandel-Brokkoli-Pfanne

Zubereitungszeit: 20 Minuten
Portionen: 1 Person

Zutaten:

- 100 g Brokkoli, in kleine Röschen geschnitten
- 2 EL Mandeln, grob gehackt
- 2 EL frische Petersilie, fein gehackt
- 1 kleine Kartoffel, gewürfelt
- 1 EL natives Olivenöl extra
- 1 TL Butter
- 1 kleine Knoblauchzehe, fein gehackt
- 1 TL Zitronenmelisse, fein gehackt
- Salz und weißer Pfeffer, nach Geschmack
- 1 TL Honig
- 50 ml Sahne
- 1 TL Kurkuma, gemahlen

Zubereitung:

1. Die Kartoffelwürfel in einem kleinen Topf mit Salzwasser etwa 10 Minuten kochen, bis sie gar sind. Abgießen und beiseite stellen.

2. Währenddessen den Brokkoli in einem Dampfgarer oder einem Sieb über kochendem Wasser etwa 5 Minuten dämpfen, bis er bissfest ist.

3. Das Olivenöl und die Butter in einer Pfanne bei mittlerer Hitze erhitzen. Die Mandeln darin anrösten, bis sie goldbraun sind. Den Knoblauch hinzufügen und 1 Minute mitrösten.

4. Die Kartoffelwürfel und den Brokkoli zur Pfanne geben. Mit Salz, Pfeffer und Kurkuma würzen.

5. Die Sahne, den Honig und die Zitronenmelisse hinzufügen. Alles gut vermischen und bei niedriger Hitze etwa 3 Minuten köcheln lassen, bis die Sauce etwas eingedickt ist.

6. Zum Schluss die Petersilie unterheben.

Gebackener Fenchel mit Zitronenmelisse

Zubereitungszeit: 30 Minuten
Portionen: 1 Person

Zutaten:

- 1 mittelgroßer Fenchel, geputzt und in Spalten geschnitten
- 2 EL natives Olivenöl extra
- Salz nach Geschmack
- Schwarzer Pfeffer nach Geschmack
- 3 TL frische Zitronenmelisse, fein gehackt
- 50 g Mozzarella, in Scheiben geschnitten
- 1 Apfel, entkernt und in dünne Scheiben geschnitten
- 30 g Mandeln, grob gehackt
- 2 EL Joghurt (optional)
- 1 EL Rapsöl

Zubereitung:

1. Heize den Ofen auf 180 Grad vor.

2. In einer großen Schüssel vermische den geschnittenen Fenchel mit dem Olivenöl, Salz und Pfeffer. Sorge dafür, dass der Fenchel gut mit dem Öl bedeckt ist.

3. Verteile die Fenchelspalten gleichmäßig auf einem Backblech.

4. Backe den Fenchel im vorgeheizten Ofen für etwa 15 Minuten, bis er an den Rändern leicht goldbraun wird.

5. In der Zwischenzeit den Apfel mit der Zitronenmelisse und dem Rapsöl vermengen.

6. Nimm den Fenchel aus dem Ofen und lege die Apfelscheiben und Mandeln darüber.

7. Setze die Mozzarellascheiben auf die Apfel-Fenchel-Mischung und gib das Ganze für weitere 10 Minuten in den Ofen, bis der Käse geschmolzen und leicht goldbraun ist.

8. Nimm das Blech aus dem Ofen und lasse das Gericht kurz abkühlen. Garniere es mit dem Joghurt und den restlichen Zitronenmelisseblättern. Guten Appetit.

Zuckerschoten-Gemüsepfanne

Zubereitungszeit: 20 Minuten
Portionen: 1 Person

Zutaten:

- 100 g Zuckerschoten, geputzt und halbiert
- 1 kleiner Zucchini, gewürfelt
- 1 kleiner Brokkoli, in Röschen geteilt
- 1 Karotte, in dünne Scheiben geschnitten
- 2 EL natives Olivenöl extra
- 1 kleine Zwiebel, gewürfelt
- 1 kleine Knoblauchzehe, fein gehackt
- 2 EL Mandeln, grob gehackt
- 1 TL frischer Ingwer, fein gerieben
- 1 TL Kurkuma
- 1 EL Petersilie, fein gehackt
- Salz und schwarzer Pfeffer nach Geschmack
- 1 EL Verjus

Zubereitung:

1. In einer großen Pfanne das Olivenöl erhitzen. Zwiebeln und Knoblauch darin glasig dünsten.

2. Karottenstücke hinzufügen und für etwa 3 Minuten anbraten, bis sie beginnen, weich zu werden.

3. Brokkoli, Zuckerschoten und Zucchini hinzufügen. Alles für weitere 5-7 Minuten unter gelegentlichem Rühren braten, bis das Gemüse knusprig-zart ist.

4. Ingwer, Kurkuma, gehackte Mandeln, Salz und Pfeffer hinzufügen. Gut umrühren und für weitere 2 Minuten kochen lassen.

5. Die Pfanne vom Herd nehmen, Petersilie und Verjus unterheben und alles gut vermischen.

6. In einen tiefen Teller geben und servieren.

Süßkartoffel-Pastinaken-Pfanne

Zubereitungszeit: 25 Minuten
Portionen: 1 Person

Zutaten:

- 1 kleine Süßkartoffel, gewürfelt
- 1 Pastinake, in Scheiben
- 1 EL Rapsöl
- 1 kleine Zwiebel, gewürfelt
- 1 Apfel, entkernt und gewürfelt
- 2 EL Kokosmilch
- 1 TL frisch gehackte Petersilie
- Salz und Schwarzer Pfeffer nach Geschmack
- 1 TL Sesam, leicht geröstet
- 1 TL Leinsamenöl zum Beträufeln

Zubereitung:

1. Erhitze das Rapsöl in einer Pfanne auf mittlerer Flamme. Füge die Zwiebelwürfel hinzu und dünste sie, bis sie glasig sind.

2. Gib die Süßkartoffel- und Pastinakenstücke in die Pfanne und brate sie an, bis sie beginnen, goldbraun zu werden.

3. Füge den gewürfelten Apfel hinzu und lasse alles weitere 5 Minuten unter gelegentlichem Rühren köcheln.

4. Nun gieße die Kokosmilch hinzu, reduziere die Hitze und lass alles zugedeckt für etwa 10 Minuten köcheln, bis die Süßkartoffel und die Pastinake weich sind.

5. Würze die Pfanne mit Salz, schwarzem Pfeffer und Petersilie. Gut umrühren.

6. Gib die Mischung in eine Schüssel, bestreue sie mit dem gerösteten Sesam und beträufle sie mit einem Spritzer Leinsamenöl.

Gemüsecurry

Zubereitungszeit: 25 Minuten
Portionen: 1 Person

Zutaten:

- 100 g Rhabarber, geputzt und in 2 cm lange Stücke geschnitten
- 150 g Kürbis, geschält und gewürfelt
- 50 g Kartoffeln, geschält und gewürfelt
- 1 EL Rapsöl
- 200 ml Kokosmilch
- 1 kleine Zwiebel, gewürfelt
- 1 kleine Knoblauchzehe, fein gehackt
- 1/2 TL Kurkuma
- 1/2 TL gemahlener Koriander
- Salz und schwarzer Pfeffer zum Abschmecken
- 1 EL frische Petersilie, gehackt

Zubereitung:

1. Erhitze das Rapsöl in einer Pfanne über mittlerer Hitze. Füge die Zwiebeln und den Knoblauch hinzu und brate sie an, bis sie weich und goldbraun sind.

2. Füge die Kartoffel- und Kürbiswürfel hinzu und brate sie ein paar Minuten an, bis sie leicht gebräunt sind.

3. Gib den Rhabarber, Kurkuma und gemahlenen Koriander in die Pfanne und mische alles gut durch.

4. Gieße die Kokosmilch dazu und lass das Ganze köcheln, bis das Gemüse weich ist und das Curry eine sämige Konsistenz hat. Dies sollte etwa 10-15 Minuten dauern.

5. Schmecke mit Salz und schwarzem Pfeffer ab.

6. Verteile das Curry in einer Schale und garniere es mit der frisch gehackten Petersilie.

Porree-Lasagne mit Kürbiskernsoße

Zubereitungszeit: 30 Minuten
Portionen: 1 Person

Zutaten:

- 150 g Lasagneplatten (Dinkel oder Reis)
- 150 g Porree, gewaschen und in Ringe geschnitten
- 30 g Kürbiskerne
- 100 g Frischkäse
- 150 ml Hafermilch
- 50 g Mozzarella, gerieben
- 1 EL natives Olivenöl extra
- 1 EL Rapsöl
- 1 kleine Zwiebel, fein gewürfelt
- 1 kleine Knoblauchzehe, fein gehackt
- 1/2 TL Salz
- 1/4 TL schwarzer Pfeffer
- 1/4 TL Muskat
- 2 EL Petersilie, gehackt

Zubereitung:

1. In einer Pfanne das Olivenöl erhitzen und die Zwiebel darin glasig dünsten. Den Knoblauch hinzufügen und kurz mitdünsten.

2. Porree-Ringe hinzufügen und unter gelegentlichem Rühren etwa 5-7 Minuten dünsten, bis sie weich sind. Mit Salz, Pfeffer und Muskat würzen.

3. In einem kleinen Topf das Rapsöl erhitzen. Kürbiskerne hinzufügen und unter ständigem Rühren anrösten, bis sie leicht gebräunt sind.

4. Hafermilch und Frischkäse zu den Kürbiskernen geben. Die Mischung unter ständigem Rühren kochen, bis eine glatte Sauce entsteht. Mit Salz und Pfeffer abschmecken.

5. Eine kleine Auflaufform mit etwas Kürbiskernsoße auslegen. Eine Schicht Lasagneplatten darauf legen, dann eine Schicht Porree, gefolgt von einem Schuss Kürbiskernsoße. Den Vorgang wiederholen, bis alle Zutaten aufgebraucht sind, wobei die oberste Schicht Soße sein sollte.

6. Mit geriebenem Mozzarella bestreuen und in einem vorgeheizten Ofen bei 180 Grad ca. 20 Minuten backen oder bis die Lasagne goldbraun ist.

7. Zum Schluss mit gehackter Petersilie bestreuen.

Glutenfreie Rezepte

Reisnudeln mit Karotten-Fenchel-Sauce

Zubereitungszeit: 25 Minuten
Portionen: 1 Portion (ca. 500 ml Sauce)

Zutaten:

- 100 g Reisnudeln
- 2 mittelgroße Karotten, geschält und in Würfel geschnitten
- 1 kleiner Fenchel, gewaschen, Strunk entfernt und in Würfel geschnitten
- 1 EL natives Olivenöl extra
- 250 ml Kokosmilch
- 1 kleine Zwiebel, gewürfelt
- 1 TL Ingwer, fein gehackt
- 1/2 TL Kurkuma
- Salz und schwarzer Pfeffer nach Geschmack
- 1 TL Petersilie, gehackt
- 1 TL Zitronenmelisse, gehackt
- 1 EL Mandeln, gehackt

Zubereitung:

1. In einem Topf Wasser zum Kochen bringen und die Reisnudeln nach Packungsanleitung kochen. Anschließend abgießen und beiseite stellen.

2. Währenddessen das Olivenöl in einer Pfanne erhitzen. Die Zwiebelwürfel darin glasig dünsten.

3. Karotten und Fenchel hinzufügen und für etwa 5 Minuten unter Rühren anbraten, bis sie leicht weich sind.

4. Ingwer und Kurkuma hinzugeben und kurz mit den Gemüsewürfeln anbraten.

5. Die Kokosmilch in die Pfanne gießen und alles zum Kochen bringen. Bei mittlerer Hitze für 10-12 Minuten köcheln lassen, bis das Gemüse weich ist.

6. Mit Salz und schwarzem Pfeffer abschmecken.

7. Die gekochten Reisnudeln unter die Sauce mischen und alles gut vermengen.

8. Das Gericht in eine Schale geben und mit gehackter Petersilie, Zitronenmelisse und Mandeln garnieren.

Pfannkuchen mit Apfel und Kirschen

Zubereitungszeit: 25 Minuten
Portionen: 1 Person

Zutaten:

- 60 g Dinkelmehl
- 1 Bio-Ei
- 120 ml Milch, frisch und pasteurisiert
- 1 EL geschmolzene Butter
- Eine Prise Salz
- 1/2 TL echte Vanille
- 1 kleiner Apfel, geschält und in dünne Scheiben geschnitten
- 10 Kirschen, entkernt
- 1 EL Honig
- 1 EL Rapsöl zum Braten
- Ein Spritzer Verjus zum Abschmecken
- Puderzucker zum Bestäuben, optional

Zubereitung:

1. In einer mittelgroßen Schüssel Dinkelmehl, Ei, Milch, geschmolzene Butter, Salz und Vanille vermengen, bis ein glatter Teig entsteht. Lass den Teig kurz ruhen.

2. Während der Teig ruht, den Apfel in dünne Scheiben schneiden und die Kirschen entkernen.

3. In einer Pfanne 1 EL Rapsöl erhitzen. Die Apfelscheiben hinzufügen und etwa 3-4 Minuten leicht anbraten, bis sie leicht goldbraun und weich sind. Kirschen hinzufügen und nochmals 1-2 Minuten braten. Mit einem Spritzer Verjus abschmecken und die Fruchtmischung aus der Pfanne nehmen.

4. Die Pfanne säubern und erneut erhitzen. Eine kleine Menge des Teigs in die Pfanne gießen und den Pfannkuchen von beiden Seiten goldbraun backen. Diesen Vorgang wiederholen, bis der gesamte Teig verbraucht ist.

5. Die fertigen Pfannkuchen mit der Apfel-Kirsch-Mischung belegen. Mit Honig beträufeln und optional mit Puderzucker bestäuben.

Kartoffelpfanne mit Blumenkohl

Zubereitungszeit: 30 Minuten
Portionen: 1 Person

Zutaten:

- 2 kleine Kartoffeln, gewürfelt
- 1/4 Blumenkohl, in Röschen zerteilt
- 2 EL Mandeln, grob gehackt
- 1 EL natives Olivenöl extra
- 1 EL Butter
- 1 kleine Zwiebel, gewürfelt
- 1 EL Petersilie, fein gehackt
- Salz und schwarzer Pfeffer nach Geschmack
- 1 TL frischer Thymian, gehackt
- 1 TL Chia-Samen, optional
- 100 ml Mandelmilch

Zubereitung:

1. In einer Pfanne das Olivenöl erhitzen. Die gewürfelten Kartoffeln hinzufügen und goldbraun anbraten.

2. Die Zwiebelwürfel hinzufügen und weiterbraten, bis sie glasig sind.

3. Nun den Blumenkohl und die Mandeln dazugeben. Alles gut vermengen und 5-7 Minuten unter regelmäßigem Rühren braten, bis der Blumenkohl leicht gebräunt und die Mandeln geröstet sind.

4. Butter, frischen Thymian und Chia-Samen (falls verwendet) hinzufügen und alles gut vermischen.

5. Mit Mandelmilch ablöschen, den Herd auf niedrige Stufe stellen und die Pfanne mit einem Deckel abdecken. Für etwa 10 Minuten köcheln lassen, bis der Blumenkohl weich ist und die Kartoffeln gar sind.

6. Mit Salz und schwarzem Pfeffer abschmecken und zum Schluss die gehackte Petersilie darüber streuen.

Süßkartoffelpuffer mit Mandelmus

Zubereitungszeit: 25 Minuten
Portionen: 1 Person

Zutaten:

- 1 große Süßkartoffel (ca. 200 g), geschält und grob gerieben
- 2 EL Mandelmus
- 1 Bio-Ei
- 2 EL Mandelmilch
- 30 g Dinkelmehl
- 1 EL Chia-Samen
- 1 TL Salz
- 1/4 TL Schwarzer Pfeffer
- 1 TL gehackte Petersilie
- 2 EL natives Olivenöl extra zum Braten

Zubereitung:

1. Die geriebene Süßkartoffel in eine Schüssel geben. Wenn zu viel Flüssigkeit vorhanden ist, drücke sie leicht aus, um überschüssiges Wasser zu entfernen.

2. In einer separaten Schüssel das Mandelmus, das Ei und die Mandelmilch miteinander verquirlen, bis alles gut vermischt ist.

3. Die Mandelmus-Mischung zur Süßkartoffel hinzufügen und gut vermengen. Anschließend Dinkelmehl, Chia-Samen, Salz, Pfeffer und Petersilie hinzufügen und alles zu einem homogenen Teig verarbeiten.

4. Eine Pfanne mit Olivenöl auf mittlerer Hitze erhitzen. Wenn das Öl heiß ist, gib mit einem Löffel Portionen des Teigs in die Pfanne, um kleine Puffer zu formen.

5. Die Puffer von beiden Seiten goldbraun braten, das dauert etwa 3-4 Minuten pro Seite.

6. Die fertigen Puffer auf einen Teller legen und servieren.

Gemüsepfanne

Zubereitungszeit: 25 Minuten
Portionen: 1 Person

Zutaten:

- 60 g Quinoa, gut gewaschen
- 100 g Zucchini, gewürfelt
- 100 g Karotten, gewürfelt
- 50 g Paprika, gewürfelt
- 1 kleine Zwiebel, fein gehackt
- 1 EL natives Olivenöl extra
- 2 EL Petersilie, frisch gehackt
- 1 TL Chia-Samen
- 1 TL Kurkuma, gemahlen
- 100 ml Hafermilch
- 50 g Feta oder Ziegenkäse, gewürfelt, optional
- Salz und schwarzer Pfeffer nach Geschmack

Zubereitung:

1. In einem Topf die Hafermilch zum Kochen bringen und den Quinoa darin für ca. 15 Minuten köcheln lassen, bis er weich ist. Hin und wieder umrühren. Bei Bedarf noch etwas Hafermilch nachgießen.

2. In der Zwischenzeit das Olivenöl in einer Pfanne erhitzen und die Zwiebel darin glasig dünsten.

3. Karotten, Zucchini und Paprika hinzufügen und für ca. 7-8 Minuten dünsten, bis das Gemüse bissfest ist.

4. Den gekochten Quinoa und Kurkuma in die Pfanne geben und gut vermischen.

5. Das Ganze mit Salz und Pfeffer abschmecken, die Petersilie und Chia-Samen unterheben.

6. Optional den Feta oder Ziegenkäse über die Pfanne bröseln.

7. Nochmals kurz durchmischen und vom Herd nehmen. Fertig.

Müsli mit Erdmandel und Heidelbeeren

Zubereitungszeit: 10 Minuten
Portionen: 1 Person

Zutaten:

- 50 g Erdmandeln, grob gemahlen
- 100 g frische Heidelbeeren, gewaschen
- 1 EL Chia-Samen
- 1 EL Leinsamen, geschrotet
- 1 EL Mandeln, gehackt
- 1 kleiner Apfel, gewaschen und grob geraspelt
- 150 ml Mandelmilch
- 1 TL Honig
- 1 Prise Zimt

Zubereitung:

1. Nimm eine Schüssel und mische darin die gemahlenen Erdmandeln, Chia-Samen, Leinsamen und die gehackten Mandeln miteinander.
2. Füge die geraspelten Äpfel und die frischen Heidelbeeren hinzu. Mische alles gut durch.
3. Erwärme die Mandelmilch leicht in einem kleinen Topf oder in der Mikrowelle. Du solltest sie nur warm und nicht kochend heiß machen.
4. Gieße die warme Mandelmilch über das Müsli in der Schüssel.
5. Süße das Müsli mit einem TL Honig und rühre nochmals alles gut durch.
6. Zum Schluss mit einer Prise Zimt bestreuen.

Kartoffelbrot

Zubereitungszeit: 40 Minuten
Portionen: 1 Brot

Zutaten:

- 200 g Kartoffeln, geschält und gewürfelt
- 100 g Reismehl
- 50 g Kartoffelstärke
- 1 TL Salz
- 2 EL natives Olivenöl extra
- 1 TL Backpulver
- 1 kleine Knoblauchzehe, fein gehackt
- 1 EL frische Petersilie, fein gehackt
- 1 Bio-Ei, geschlagen
- 50 ml frische Milch

Zubereitung:

1. Koche die gewürfelten Kartoffeln in einem mittelgroßen Topf, bis sie weich sind. Abgießen und mit einer Gabel zerdrücken, bis ein Kartoffelpüree entsteht.

2. In einer großen Schüssel das Reismehl, die Kartoffelstärke, das Salz und das Backpulver mischen.

3. Füge das Kartoffelpüree, das Olivenöl, den Knoblauch und die Petersilie hinzu und mische alles gut durch.

4. Schlage das Ei in einer kleinen Schüssel auf und füge die Milch hinzu. Rühre diese Mischung in die Kartoffelmischung, bis alles gut vermischt ist.

5. Heize den Backofen auf 180 Grad vor.

6. Forme den Teig zu einem Brotlaib und lege ihn auf ein mit Backpapier ausgelegtes Backblech.

7. Backe das Brot im vorgeheizten Backofen für etwa 25-30 Minuten oder bis es fest und goldbraun ist.

8. Nimm das Brot aus dem Ofen und lass es auf einem Gitter vollständig abkühlen.

Hirsepfanne mit Mungobohnensprossen

Zubereitungszeit: 25 Minuten
Portionen: 1 Person

Zutaten:

- 50 g Hirse, gut gespült
- 75 g Mungobohnensprossen, frisch
- 1 Karotte, gewürfelt
- 1/2 kleiner Zucchini, gewürfelt
- 1 EL natives Olivenöl extra
- 2 EL Mais, frisch
- 1 EL Petersilie, fein gehackt
- 1/2 TL Kurkuma
- Salz und schwarzer Pfeffer, nach Geschmack
- 100 ml Gemüsebrühe, hefefrei und ohne Geschmacksverstärker

Zubereitung:

1. Die Hirse in einem Sieb gründlich unter fließendem Wasser spülen, bis das Wasser klar ist.

2. In einem Topf die Gemüsebrühe zum Kochen bringen und die gespülte Hirse hinzufügen. Den Kurkuma hinzufügen, umrühren und auf mittlerer Hitze für etwa 15 Minuten köcheln lassen, bis die Hirse gar ist.

3. Während die Hirse kocht, das Olivenöl in einer Pfanne erhitzen und die gewürfelten Karotten und Zucchini darin für ca. 5 Minuten anbraten, bis sie weich, aber noch bissfest sind.

4. Die Mungobohnensprossen und den Mais hinzufügen und weitere 3 Minuten braten.

5. Nun die gekochte Hirse unter das Gemüse in der Pfanne mischen und alles gut verrühren. Mit Salz und schwarzem Pfeffer abschmecken.

6. Zum Schluss mit der frisch gehackten Petersilie bestreuen.

Reispudding

Zubereitungszeit: 30 Minuten
Portionen: 1 Person

Zutaten:

- 50 g Rundkornreis, gewaschen
- 250 ml Hafermilch
- 1 TL echte Vanille, ausgekratzt
- 1 EL Honig
- 7 - 10 Kirschen, entkernt und halbiert
- 1 TL Chia-Samen
- 1 Prise Zimt
- 1 TL Butter
- 5-6 Blätter frische Zitronenmelisse, fein gehackt

Zubereitung:

1. In einem Topf die Hafermilch zusammen mit dem Rundkornreis zum Kochen bringen. Die Hitze reduzieren und den Reis bei niedriger Temperatur etwa 20 Minuten köcheln lassen, bis er weich ist. Gelegentlich umrühren, um Anbrennen zu vermeiden.

2. Während der Reis köchelt, die Kirschen in einer kleinen Pfanne mit der Butter leicht andünsten, bis sie weich sind, aber noch ihre Form behalten.

3. Wenn der Reis weich ist, den Honig, die echte Vanille und den Zimt hinzufügen und gut umrühren. Den Topf vom Herd nehmen und den Reispudding etwas abkühlen lassen.

4. Die Chia-Samen unter den noch warmen Reispudding rühren und für etwa 5 Minuten stehen lassen, damit sie quellen können.

5. Den Reispudding in eine Schale geben, die gedünsteten Kirschen darauf verteilen und mit der fein gehackten Zitronenmelisse bestreuen. Guten Appetit.

Kartoffel-Kohlrabi-Auflauf

Zubereitungszeit: 35 Minuten
Portionen: 1 Person

Zutaten:

- 150 g Kartoffeln, geschält und in dünne Scheiben geschnitten
- 150 g Kohlrabi, geschält und in dünne Scheiben geschnitten
- 2 EL natives Olivenöl extra
- 1 kleine Zwiebel, fein gewürfelt
- 1 kleine Knoblauchzehe, fein gehackt
- 100 ml Kokosmilch
- 1 EL Petersilie, fein gehackt
- 1 EL Chia-Samen
- 1 TL Salz
- 1/4 TL weißer Pfeffer
- 50 g Butterkäse, gerieben

Zubereitung:

1. Den Backofen auf 200 Grad vorheizen.

2. In einer Pfanne 1 EL Olivenöl erhitzen und die Zwiebeln und den Knoblauch darin anbraten, bis sie weich und goldbraun sind.

3. In einer großen Schüssel die Kartoffel- und Kohlrabischeiben mit den angebratenen Zwiebeln, Knoblauch, Kokosmilch, Petersilie, Chia-Samen, Salz und Pfeffer vermengen. Alles gut vermischen, sodass die Gewürze gleichmäßig verteilt sind.

4. Eine Auflaufform mit dem restlichen EL Olivenöl einfetten. Die Kartoffel-Kohlrabi-Mischung gleichmäßig in die Form geben.

5. Den geriebenen Butterkäse über die Mischung streuen.

6. Den Auflauf in den vorgeheizten Ofen schieben und für ca. 25 Minuten backen, oder bis der Käse goldbraun und die Kartoffeln und der Kohlrabi weich sind.

7. Den Auflauf aus dem Ofen nehmen und kurz abkühlen lassen.

Kastanienpfannkuchen mit Aprikosenfüllung

Zubereitungszeit: 25 Minuten
Portionen: 1 Person

Zutaten:

- 70 g Kastanienmehl
- 1 Bio-Ei
- 150 ml Hafermilch
- Eine Prise Salz
- 1 EL Butter zum Braten
- 4 frische Aprikosen, entsteint und in Scheiben geschnitten
- 2 EL Honig
- 50 g Mandeln, grob gehackt
- 1/2 TL echte Vanille
- 1 EL Kokosnuss, geraspelt
- Ein Spritzer Verjus

Zubereitung:

1. In einer Schüssel das Kastanienmehl, Ei, Hafermilch und Salz zu einem glatten Teig verrühren. Etwa 10 Minuten ruhen lassen.

2. Während der Teig ruht, die Aprikosenscheiben in einer Pfanne mit dem Honig leicht karamellisieren lassen. Mandeln und Kokosnussraspeln hinzufügen und kurz mitbraten, bis alles schön goldbraun ist. Mit einem Spritzer Verjus ablöschen und vom Herd nehmen.

3. In einer separaten Pfanne die Butter erhitzen und Portionsweise Pfannkuchen darin von beiden Seiten goldbraun ausbacken.

4. Die fertigen Pfannkuchen mit der Aprikosenfüllung belegen und servieren.

Rhabarber-Mandelkuchen

Zubereitungszeit: 40 Minuten
Portionen: 1 Person

Zutaten:

- 150 g Rhabarber, gewaschen und in kleine Stücke geschnitten
- 70 g Mandeln, fein gemahlen
- 2 EL Chia-Samen
- 2 EL Butter, geschmolzen
- 30 g Haushaltszucker
- 1 Bio-Ei
- 50 ml Mandelmilch
- 1 TL Backpulver
- 1 TL echte Vanille
- Eine Prise Salz
- 1 EL Kokosraspeln

Zubereitung:

1. Heize deinen Ofen auf 180 Grad vor.

2. In einer mittelgroßen Schüssel die gemahlenen Mandeln, Chia-Samen, Backpulver, Vanille und Salz vermengen.

3. In einer anderen Schüssel das Ei, den Haushaltszucker und die geschmolzene Butter schaumig schlagen.

4. Die trockenen Zutaten aus Schritt 2 zur Ei-Mischung geben und gut verrühren.

5. Mandelmilch hinzufügen und zu einem glatten Teig vermengen.

6. Die Rhabarberstücke unter den Teig heben.

7. Eine kleine Backform mit etwas Butter einfetten und den Teig hineingeben.

8. Den Kuchen im vorgeheizten Ofen ca. 25-30 Minuten backen, bis er goldbraun ist und ein Holzstäbchen sauber herauskommt.

9. Den Kuchen aus dem Ofen nehmen, kurz abkühlen lassen und vor dem Servieren mit Kokosraspeln bestreuen.

Gebackene Blumenkohl Wings

Zubereitungszeit: 35 Minuten
Portionen: 1 Person

Zutaten:

- 1 mittlerer Blumenkohl, in mundgerechte Röschen zerteilt
- 2 EL natives Olivenöl extra
- 1 TL Kurkuma
- 1 TL Salz
- 1/2 TL Schwarzer Pfeffer
- 1/2 TL Paprika
- 50 ml Mandelmilch
- 50 g Dinkelmehl
- 1 EL Chiasamen, eingeweicht in 3 EL Wasser
- 1 TL Petersilie, fein gehackt

Zubereitung:

1. Heize deinen Ofen auf 200 Grad vor.

2. In einer Schüssel das Dinkelmehl, Salz, Pfeffer, Kurkuma, und Paprika miteinander vermengen.

3. Füge die Mandelmilch und den eingeweichten Chiasamen hinzu und rühre alles zu einem glatten Teig.

4. Die Blumenkohl-Röschen in den Teig tauchen, sodass sie vollständig bedeckt sind.

5. Lege die Blumenkohl-Wings auf ein mit Backpapier belegtes Backblech. Träufle das Olivenöl darüber.

6. Backe die Blumenkohl-Wings für etwa 25 Minuten im Ofen oder bis sie goldbraun sind.

7. Hole die Wings aus dem Ofen und lasse sie kurz abkühlen.

8. Bestreue sie zum Schluss mit der gehackten Petersilie.

Süßkartoffel-Gnocchi

Zubereitungszeit: 30 Minuten
Portionen: 1 Person

Zutaten:

- 1 mittelgroße Süßkartoffel (ca. 200 g), geschält und in Würfel geschnitten
- 50 g Dinkelmehl (plus etwas mehr zum Arbeiten)
- 1 Eigelb
- Eine Prise Salz
- 1 EL natives Olivenöl extra
- 1 Handvoll frischer Basilikum, fein gehackt
- 1 kleine Knoblauchzehe, fein gehackt
- 25 ml Sahne
- 1 EL Butter
- 10 g frischer Butterkäse, gerieben (für die Garnierung)

Zubereitung:

1. Die Süßkartoffelwürfel in einem Topf mit Wasser geben und zum Kochen bringen. Kochen, bis die Würfel weich sind, etwa 15 Minuten. Abgießen und mit einer Gabel zerdrücken, bis ein feines Püree entsteht.

2. In einer Schüssel das Süßkartoffelpüree, Dinkelmehl, Eigelb und Salz vermischen. Alles gut vermischen, bis ein glatter Teig entsteht. Falls der Teig zu klebrig ist, etwas mehr Mehl hinzufügen.

3. Eine Arbeitsfläche leicht mit Dinkelmehl bestäuben. Den Teig in eine lange Rolle formen und in kleine Stücke schneiden, um die Gnocchi zu formen. Jeden Gnocchi mit einer Gabel leicht andrücken, um das typische Muster zu erzeugen.

4. Einen Topf mit Salzwasser zum Kochen bringen und die Gnocchi darin kochen, bis sie an die Oberfläche kommen, etwa 2-3 Minuten. Mit einer Schaumkelle herausnehmen und abtropfen lassen.

5. In einer Pfanne das Olivenöl erhitzen. Knoblauch darin anbraten, bis er duftet, aber nicht braun wird. Frischen Basilikum hinzufügen und kurz anbraten. Sahne und Butter hinzufügen und alles gut vermischen, bis die Butter geschmolzen ist. Die Sauce leicht köcheln lassen, bis sie sich verdickt hat.

6. Die Gnocchi zur Sauce geben und alles gut vermengen, sodass die Gnocchi gut mit der Sauce überzogen sind. Auf einem Teller anrichten und mit frisch geriebenem Butterkäse bestreuen. Guten Appetit.

Porridge mit Preiselbeeren und Granatapfel

Zubereitungszeit: 15 Minuten
Portionen: 1 Person

Zutaten:

- 50 g Haferflocken
- 250 ml Hafermilch
- 1 EL Chia-Samen
- 2 EL Granatapfelkerne
- 2 EL Preiselbeeren, frisch oder tiefgefroren
- 1 TL Honig, optional
- Eine Prise Vanille
- Eine Prise Salz
- 1 EL gehackte Mandeln

Zubereitung:

1. Gib die Haferflocken, Chia-Samen und Hafermilch in einen kleinen Topf. Setze den Topf auf mittlere Hitze und bringe die Mischung zum Köcheln. Rühre dabei stetig um, damit nichts anbrennt.

2. Wenn die Mischung anfängt, dick zu werden und die Haferflocken weich sind, füge eine Prise Salz und Vanille hinzu. Rühre alles gut durch.

3. Wenn das Porridge die gewünschte Konsistenz erreicht hat, nimm den Topf vom Herd.

4. Gieße das Porridge in eine Schüssel. Streue die Granatapfelkerne, Preiselbeeren und gehackten Mandeln darüber.

5. Wenn du es süßer magst, kannst du noch einen Teelöffel Honig darüber träufeln. Lass es dir schmecken.

Blumenkohl Risotto mit Zucchini

Zubereitungszeit: 30 Minuten
Portionen: 1 Person

Zutaten:

- 1 kleiner Blumenkohl, in Röschen zerlegt und gerieben
- 1 Zucchini, gewürfelt
- 1 kleine Zwiebel, gewürfelt
- 1 TL natives Olivenöl extra
- 50 g Reis
- 250 ml Hafermilch
- 1 TL Salz
- Schwarzer Pfeffer nach Belieben
- 1 EL frischer Basilikum, gehackt
- 1 EL Petersilie, gehackt
- 30 g Butterkäse, gerieben
- 1 EL Butter

Zubereitung:

1. Erhitze in einer großen Pfanne das Olivenöl und dünste die gewürfelte Zwiebel glasig an.

2. Gib den geriebenen Blumenkohl und die gewürfelte Zucchini hinzu und lass das Ganze etwa 5 Minuten anbraten, bis das Gemüse leicht goldbraun ist.

3. Füge nun den Reis hinzu und brate ihn kurz mit an, bis er leicht durchsichtig wird.

4. Gieße die Hafermilch dazu und rühre alles gut um. Lass das Risotto auf mittlerer Hitze köcheln, bis der Reis weich ist und fast die gesamte Flüssigkeit aufgenommen hat. Dies dauert etwa 15-20 Minuten. Rühre dabei regelmäßig um, damit nichts anbrennt.

5. Wenn der Reis fast gar ist, füge den geriebenen Butterkäse, die Butter, den gehackten Basilikum und die Petersilie hinzu. Rühre alles gut durch, bis der Käse geschmolzen ist und das Risotto eine cremige Konsistenz hat.

6. Zum Schluss schmecke das Risotto mit Salz und Pfeffer ab.

Gebratene Süßkartoffelscheiben mit Sesampaste

Zubereitungszeit: 25 Minuten
Portionen: 1 Person

Zutaten:

- 1 mittelgroße Süßkartoffel, gewaschen und in Scheiben geschnitten
- 2 EL Sesampaste (Tahini)
- 1 TL Honig
- 2 TL natives Olivenöl extra
- Eine Prise Salz
- Eine Prise schwarzer Pfeffer
- 1 TL Petersilie, fein gehackt
- 2 EL Frischkäse, optional

Zubereitung:

1. Die Süßkartoffelscheiben in Olivenöl auf beiden Seiten leicht salzen und pfeffern.

2. Eine Pfanne bei mittlerer Hitze erwärmen und die Süßkartoffelscheiben darin ca. 3-4 Minuten von jeder Seite goldbraun anbraten.

3. Während die Süßkartoffelscheiben braten, in einer kleinen Schüssel die Sesampaste, Honig, Salz und Pfeffer miteinander verrühren. Wenn du magst, füge den Frischkäse hinzu und verrühre alles zu einer glatten Masse.

4. Die gebratenen Süßkartoffelscheiben auf einen Teller legen und die Sesampaste darüber verteilen.

5. Mit der fein gehackten Petersilie bestreuen und servieren.

Mandelbrot mit Kürbiskernen

Zubereitungszeit: 25 Minuten
Portionen: 1 kleines Brot

Zutaten:

- 50 g Mandeln, grob gehackt
- 50 g Kürbiskerne, grob gehackt
- 120 g Amaranth, fein gemahlen
- 1 Bio-Ei
- 30 ml Mandelmilch
- 15 g Kokosnuss, gerieben
- 1 TL Zimt
- 1/2 TL Backpulver
- 1 EL Honig
- Eine Prise Salz
- 2 EL natives Olivenöl extra

Zubereitung:

1. Heize deinen Backofen auf 180 Grad vor.

2. In einer großen Rührschüssel mische Amaranth, Kokosnuss, Zimt, Backpulver und Salz.

3. Füge die gehackten Mandeln und Kürbiskerne hinzu und vermische alles gut miteinander.

4. Schlage in einer separaten Schüssel das Ei auf und füge Mandelmilch, Olivenöl und Honig hinzu. Rühre alles gut durch, bis es eine homogene Masse bildet.

5. Vermische nun die trockenen mit den feuchten Zutaten und rühre kräftig, bis ein geschmeidiger Teig entsteht.

6. Gib den Teig auf ein mit Backpapier ausgelegtes Backblech und forme ein längliches Brot.

7. Backe das Mandelbrot für ca. 20 Minuten, bis es goldbraun und fest ist.

8. Nimm es aus dem Ofen und lass es auf einem Gitter vollständig abkühlen.

Johannisbeer-Kastanien-Muffins

Zubereitungszeit: 35 Minuten
Portionen: 4 Muffins

Zutaten:

- 50 g Kastanienmehl
- 1 TL Backpulver
- 1 Bio-Ei
- 30 ml Kokosmilch
- 25 g Haushaltszucker
- 2 EL natives Olivenöl extra
- 1 TL echte Vanille
- 50 g rote Johannisbeeren, gewaschen und entstielt
- Eine Prise Salz
- Einige Mandelsplitter

Zubereitung:

1. Zuerst heizt du den Ofen auf 180 Grad vor. Währenddessen legst du die Muffinformen mit Papierförmchen aus.

2. Vermische in einer mittelgroßen Schüssel das Kastanienmehl, Backpulver und Salz.

3. In einer anderen Schüssel verquirlst du das Ei leicht. Füge Kokosmilch, Haushaltszucker, Olivenöl und Vanille hinzu und rühre, bis sich alles gut verbunden hat.

4. Gieße nun die nassen Zutaten zu den trockenen und vermische alles, bis gerade eben ein Teig entsteht.

5. Jetzt ist es Zeit, die Johannisbeeren unter den Teig zu heben.

6. Verteile den Teig gleichmäßig auf die vorbereiteten Muffinförmchen und streue einige Mandelsplitter darüber.

7. Backe die Muffins im vorgeheizten Ofen für etwa 20-25 Minuten oder bis ein in die Mitte gestecktes Holzstäbchen sauber herauskommt.

8. Die Muffins einige Minuten in der Form abkühlen lassen, bevor du sie herausnimmst.

Nudeln mit Oliven und Mangold

Zubereitungszeit: 20 Minuten
Portionen: 1 Person

Zutaten:

- 80 g Reisnudeln
- 1 Handvoll frische Oliven, entsteint
- 100 g Mangold, gewaschen und in Streifen geschnitten
- 1 EL natives Olivenöl extra
- 1 kleine Zwiebel, fein gewürfelt
- 1 kleine Knoblauchzehe, fein gehackt
- 2 EL frischer Basilikum, gehackt
- 2 EL geriebener Butterkäse
- Salz und schwarzer Pfeffer zum Abschmecken

Zubereitung:

1. Bringe einen Topf mit Wasser zum Kochen. Füge eine Prise Salz hinzu und koche die Reisnudeln gemäß den Anweisungen auf der Verpackung.

2. Während die Nudeln kochen, erhitzt du in einer Pfanne das Olivenöl. Füge die Zwiebel und den Knoblauch hinzu und dünste sie, bis sie glasig sind.

3. Gib den Mangold hinzu und dünste ihn weiter, bis er leicht welk ist. Füge die Oliven und den gehackten Basilikum hinzu und rühre alles gut um.

4. Wenn die Nudeln fertig gekocht sind, gieße das Wasser ab und füge die Nudeln zur Pfanne hinzu. Vermenge alles gut miteinander und lass es nochmals 2-3 Minuten köcheln.

5. Schmecke alles mit Salz und Pfeffer ab und serviere es in einem tiefen Teller. Streue zum Schluss den geriebenen Butterkäse darüber. Guten Appetit.

Frühstücksideen

Haferflocken mit Apfel, Mango und Kirschen

Zubereitungszeit: 10 Minuten
Portionen: 1 Person

Zutaten:

- 50 g Haferflocken
- 150 ml Hafermilch
- 1 Apfel, gewaschen und gewürfelt
- 1/2 Mango, geschält und gewürfelt
- 10 frische Kirschen, entsteint
- 1 EL Honig
- 1 TL Chia-Samen
- Eine Prise Zimt

Zubereitung:

1. Die Hafermilch in einen Topf geben und auf mittlerer Stufe erhitzen.

2. Die Haferflocken hinzufügen und unter ständigem Rühren etwa 5 Minuten köcheln lassen.

3. Während die Haferflocken kochen, den Apfel waschen und in kleine Würfel schneiden. Die Mango schälen und ebenfalls würfeln. Die Kirschen entsteinen.

4. Wenn die Haferflocken die gewünschte Konsistenz erreicht haben, den Topf vom Herd nehmen und die Fruchtstücke unterrühren.

5. Den Haferbrei in eine Schale geben und mit Honig, Chia-Samen und einer Prise Zimt garnieren.

Joghurt mit Granatapfel und Heidelbeeren

Zubereitungszeit: 10 Minuten
Portionen: 1 Person

Zutaten:

- 150 g Joghurt
- 1 kleiner Granatapfel, Kerne herausgelöst
- 50 g Heidelbeeren, frisch gewaschen
- 1 EL Mandeln, grob gehackt
- 2 TL Honig
- 1 TL Chia-Samen
- 1 TL echte Vanille
- Eine Prise Zimt
- Einige frische Minzblätter zur Dekoration

Zubereitung:

1. Zu Beginn bereitest du den Granatapfel vor. Schneide ihn in der Mitte durch und löse die saftigen Kerne behutsam heraus. Achte darauf, dass keine weißen Häutchen dabei sind.

2. In einer Schüssel mischst du den Joghurt mit der Vanille und dem Zimt. Wenn du den Joghurt etwas süßer magst, kannst du jetzt den Honig unterrühren.

3. Gib den Joghurt als Basis in eine Schale oder ein Glas.

4. Verteile nun die Heidelbeeren und Granatapfelkerne gleichmäßig darauf.

5. Streue die gehackten Mandeln und Chia-Samen darüber. Das gibt dem Ganzen einen knusprigen Touch.

6. Beträufle das Ganze, wenn gewünscht, mit etwas mehr Honig und dekoriere mit Minzblättern.

Kartoffelpfannkuchen mit Apfelchutney

Zubereitungszeit: 30 Minuten
Portionen: 2 Pfannkuchen

Zutaten:

- 150 g Kartoffeln, geschält und gerieben
- 1 Ei, leicht verquirlt
- 2 EL Dinkelmehl
- 1 EL Hafermilch
- 1 Prise Salz und weißer Pfeffer
- 2 TL natives Olivenöl extra
- 1 Apfel, geschält und gewürfelt
- 50 ml Wasser
- 1 TL Honig
- 1/4 TL gemahlener Zimt
- 1/2 TL Butter

Zubereitung:

1. Für die Pfannkuchen: Die geriebenen Kartoffeln in ein Sieb geben und den überschüssigen Saft ausdrücken. In eine Schüssel geben.

2. Das Ei, Dinkelmehl, Hafermilch, Salz und Pfeffer hinzufügen und alles gut vermischen.

3. Eine Pfanne mit 1 TL Olivenöl erhitzen. Die Kartoffelmasse in die Pfanne geben und zwei Pfannkuchen formen. Beide Seiten goldbraun braten.

4. Für das Apfelchutney: Die gewürfelten Äpfel, Wasser, Honig und Zimt in einen Topf geben und zum Kochen bringen. Bei niedriger Hitze köcheln lassen, bis die Äpfel weich sind und die Flüssigkeit eingedickt ist.

5. Vom Herd nehmen und die Butter unterrühren, bis sie geschmolzen ist.

6. Die Kartoffelpfannkuchen auf einen Teller legen und das Apfelchutney darüber geben.

Frisch gebackenes Brot

Zubereitungszeit: 40 Minuten
Portionen: 1 kleines Brot

Zutaten:

- 150 g Dinkelmehl
- 50 g Haferflocken
- 1 TL Salz
- 1 TL Backpulver
- 1 EL natives Olivenöl extra
- 90 ml Wasser
- 1 kleine Zwiebel, fein gewürfelt
- 1 kleine Knoblauchzehe, fein gehackt
- 1 EL Petersilie, fein gehackt

Zubereitung:

1. Den Ofen auf 200 Grad vorheizen.

2. In einer Schüssel das Dinkelmehl, die Haferflocken, das Salz und das Backpulver gut vermengen.

3. Das Olivenöl und das Wasser hinzufügen und alles zu einem geschmeidigen Teig verkneten.

4. Zwiebel, Knoblauch und Petersilie unter den Teig kneten, bis sie gleichmäßig verteilt sind.

5. Den Teig zu einem kleinen Laib formen und auf ein mit Backpapier ausgelegtes Backblech legen.

6. Das Brot für ca. 25-30 Minuten im Ofen backen, bis es goldbraun und beim Klopfen auf die Unterseite hohl klingt.

7. Das Brot aus dem Ofen nehmen und auf einem Gitter vollständig auskühlen lassen.

Quinoamüsli

Zubereitungszeit: 15 Minuten
Portionen: 1 Person

Zutaten:

- 50 g Quinoa, gut gewaschen
- 200 ml Hafermilch
- 2 frische Aprikosen, gewürfelt
- 3 frische Litschis, entkernt und halbiert
- 1 EL Kürbiskerne, leicht geröstet
- 1 TL Honig oder nach Geschmack
- Eine Prise Salz
- Eine Prise Zimt
- 1 EL Kokosflocken
- 1 EL Chia-Samen

Zubereitung:

1. In einem kleinen Topf die Hafermilch zusammen mit dem gewaschenen Quinoa, Zimt und einer Prise Salz zum Kochen bringen. Auf mittlerer Hitze ca. 10 Minuten köcheln lassen, bis die Quinoa gar ist und die Flüssigkeit größtenteils absorbiert wurde. Dabei ab und zu umrühren.

2. Während die Quinoa kocht, die Aprikosen waschen, entkernen und in kleine Würfel schneiden. Litschis schälen, entkernen und halbieren.

3. In einer kleinen Pfanne ohne Öl die Kürbiskerne leicht rösten, bis sie duften und leicht goldbraun sind. Beiseite stellen.

4. Das fertig gekochte Quinoamüsli in eine Schale geben und leicht abkühlen lassen. Dann die Aprikosen- und Litschi-Stücke hinzufügen.

5. Mit Honig süßen und gut umrühren. Zum Schluss mit Kürbiskernen, Kokosflocken und Chia-Samen garnieren. Guten Appetit.

Pfannkuchen mit Kastanienmehl und Blaubeeren

Zubereitungszeit: 20 Minuten
Portionen: 1 Person

Zutaten:

- 60 g Kastanienmehl
- 1 Bio-Ei
- 150 ml Hafermilch
- 1 EL Butter zum Braten
- 1 TL Backpulver
- Eine Prise Salz
- 1 TL echte Vanille
- 100 g frische Blaubeeren
- 1 EL Honig zum Servieren

Zubereitung:

1. Schlage das Ei in eine Schüssel und gib die Hafermilch hinzu. Rühre alles gut durch.
2. Füge Kastanienmehl, Backpulver, Salz und Vanille hinzu und verrühre alles zu einem glatten Teig.
3. Heize eine Pfanne bei mittlerer Hitze vor und gib einen Klecks Butter hinein.
4. Sobald die Butter geschmolzen ist, gieße eine Kelle des Teigs in die Pfanne, um einen Pfannkuchen zu formen. Verteile einige Blaubeeren auf dem flüssigen Teig.
5. Brate den Pfannkuchen von jeder Seite etwa 2-3 Minuten oder bis er goldbraun ist.
6. Wiederhole den Vorgang mit dem restlichen Teig.
7. Serviere die Pfannkuchen und träufle etwas Honig darüber.

Apfel- und Kürbiskernmüsli

Zubereitungszeit: 10 Minuten
Portionen: 1 Person

Zutaten:

- 1 Apfel, gewaschen und gewürfelt
- 2 EL Kürbiskerne, geröstet
- 100 g Joghurt
- 3 EL Haferflocken
- 1 EL Chia-Samen
- 1 TL Honig oder nach Geschmack
- 1 TL Zimt
- 1 EL Kokoschips
- Einige Granatapfelkerne

Zubereitung:

1. Nimm zuerst den Apfel, wasche ihn gründlich und schneide ihn in kleine Würfel. Behalte einige Würfel zurück für die Garnierung.

2. Röste die Kürbiskerne in einer kleinen Pfanne ohne Fett, bis sie anfangen leicht zu springen. Dann nimm sie aus der Pfanne und lass sie kurz abkühlen.

3. In einer Schüssel vermischst du nun den Joghurt, Haferflocken, Chia-Samen und Honig. Rühre alles gut durch, bis du eine cremige Konsistenz erhältst.

4. Füge nun den gewürfelten Apfel und die gerösteten Kürbiskerne dazu und mische alles noch einmal gut durch.

5. Streue den Zimt darüber und rühre erneut um, bis das Müsli eine leicht zimtige Note bekommt.

6. Schichte dein Müsli in einem Glas oder einer Schale. Beginne mit einer Schicht des Joghurtmixes, gefolgt von Apfelwürfeln, Kokoschips und Kürbiskernen.

7. Wiederhole die Schichtung, bis alle Zutaten aufgebraucht sind.

8. Garniere mit den zurückbehaltenen Apfelwürfeln und streue ein paar Granatapfelkerne darüber. Guten Appetit.

Eierpfanne mit Kartoffeln

Zubereitungszeit: 25 Minuten
Portionen: 1 Person

Zutaten:

- 2 Bio-Eier
- 1 mittelgroße Kartoffel, gewürfelt
- 2 EL Butter
- 1 EL frische Petersilie, fein gehackt
- 1 kleine Zwiebel, gewürfelt
- Salz und weißer Pfeffer nach Geschmack
- 1 EL natives Olivenöl extra
- 2 EL frischer Joghurt

Zubereitung:

1. Die Kartoffelwürfel in einer Pfanne mit Olivenöl bei mittlerer Hitze goldbraun anbraten.

2. Die gewürfelte Zwiebel hinzufügen und weiterbraten, bis sie glasig wird.

3. In der Mitte der Pfanne eine kleine Mulde bilden und die Butter darin schmelzen lassen.

4. Die Eier in die Mulde schlagen und nach Geschmack mit Salz und Pfeffer würzen.

5. Die Eier langsam stocken lassen und dabei gelegentlich umrühren, um sie mit den Kartoffeln und Zwiebeln zu vermengen.

6. Sobald die Eier fast vollständig durchgegart sind, die fein gehackte Petersilie darüberstreuen und alles gut vermischen.

7. Zum Schluss das Gericht auf einen Teller geben und mit einem Löffel frischem Joghurt garnieren.

Joghurt mit Datteln und Tigernüssen

Zubereitungszeit: 10 Minuten
Portionen: 1 Person

Zutaten:

- 150 ml Naturjoghurt
- 4 Datteln (ungeschwefelt), entkernt und kleingeschnitten
- 2 EL Tigernüsse (Erdmandel), grob gehackt
- 1 EL Mandeln, grob gehackt
- 1 TL Chia-Samen
- 1 TL Honig
- 1 Prise Salz
- 1 Prise echte Vanille

Zubereitung:

1. Nimm eine Schüssel und gebe den Naturjoghurt hinein.
2. Füge die kleingeschnittenen Datteln und die gehackten Tigernüsse hinzu.
3. Die Mandeln grob hacken und ebenfalls in die Schüssel geben.
4. Chia-Samen dazustreuen.
5. Für eine leichte Süße gib einen Teelöffel Honig darüber und vermische alles gut.
6. Zum Abschluss eine Prise Salz und echte Vanille hinzufügen und noch einmal alles gut durchmischen. Fertig.

Hirse-Porridge

Zubereitungszeit: 25 Minuten
Portionen: 1 Person

Zutaten:

- 50 g Hirse, gewaschen und abgetropft
- 250 ml Hafermilch
- 1/2 reife Mango, geschält und in kleine Würfel geschnitten
- 1 TL echte Vanille
- 1 TL Honig
- 1 EL Kokosflocken
- Eine kleine Prise Salz
- Einige frische Blaubeeren für die Garnierung

Zubereitung:

1. Gib die gewaschene Hirse zusammen mit der Hafermilch und der Prise Salz in einen kleinen Kochtopf.

2. Erhitze die Mischung bei mittlerer Hitze und bringe sie zum Kochen. Verringere dann die Hitze und lasse die Hirse unter gelegentlichem Rühren etwa 15-20 Minuten köcheln, bis sie weich ist und die Flüssigkeit aufgesogen hat.

3. Während die Hirse kocht, kannst du die Mango vorbereiten. Schäle sie und schneide sie in kleine Würfel.

4. Wenn die Hirse fast fertig ist, füge die echte Vanille hinzu und rühre gut um.

5. Nachdem die Hirse fertig gekocht hat, nimm den Topf vom Herd und lasse ihn kurz stehen.

6. Gib den Honig und die Kokosflocken hinzu und rühre erneut um, bis alles gut vermischt ist.

7. Serviere das Porridge in einer Schüssel, belege es mit den Mangowürfeln und garniere mit einigen frischen Blaubeeren. Guten Appetit!

Frische Weintrauben mit Joghurt und Kürbiskernen

Zubereitungszeit: 10 Minuten
Portionen: 1 Person

Zutaten:

- 100 g Weintrauben, gewaschen und halbiert
- 150 g Naturjoghurt
- 2 EL Kürbiskerne, grob gehackt
- 1 TL Honig
- 1 TL Vanilleextrakt
- 1 TL Leinsamen, gemahlen
- 1 Prise Zimt
- Einige frische Minzblätter zum Garnieren (optional)

Zubereitung:

1. Du beginnst damit, die Weintrauben zu waschen und zu halbieren. Danach stellst du sie beiseite.

2. Die Kürbiskerne grob hacken und in einer trockenen Pfanne bei mittlerer Hitze leicht anrösten, bis sie goldbraun sind. Vorsicht, nicht zu lange rösten, da sie sonst verbrennen könnten.

3. In einer Schüssel vermengst du den Joghurt mit dem Honig, der Vanille, den gemahlenen Leinsamen und der Prise Zimt, bis alles gut vermischt ist.

4. Nun fügst du die halbierten Weintrauben in die Schüssel hinzu und rührst alles behutsam unter.

5. Die Mischung in eine Frühstücksschale oder ein Dessertglas geben und mit den gerösteten Kürbiskernen bestreuen.

6. Wenn du magst, kannst du das Gericht noch mit ein paar frischen Minzblättern garnieren.

Erdmandel-Porridge mit frischen Kirschen

Zubereitungszeit: 15 Minuten
Portionen: 1 Person

Zutaten:

- 30 g Erdmandel-Flocken (Tigernuss)
- 10 frische Kirschen, entsteint und halbiert
- 1 TL Chia-Samen
- 200 ml Mandelmilch
- 1 TL Honig
- 1 Prise echte Vanille
- 1 EL Kokosnussflocken
- 1 Prise Salz
- 1 TL Butter zum Anbraten der Kirschen

Zubereitung:

1. Die Mandelmilch in einem Topf erhitzen, aber nicht kochen lassen. Erdmandel-Flocken, Chia-Samen, Vanille und Salz hinzufügen und gut verrühren.

2. Bei niedriger Hitze etwa 5-7 Minuten köcheln lassen, bis die Mischung andickt. Regelmäßig umrühren, damit nichts anbrennt.

3. In der Zwischenzeit die Butter in einer kleinen Pfanne erhitzen und die halbierten Kirschen darin etwa 3 Minuten anbraten, bis sie weich und saftig sind.

4. Das Porridge in eine Schüssel geben und mit den angebratenen Kirschen, Kokosnussflocken und Honig garnieren.

Leinsamen Pancakes mit Heidelbeerfüllung

Zubereitungszeit: 20 Minuten
Portionen: 1 Person

Zutaten:

- 3 EL Leinsamen, fein gemahlen
- 120 ml Hafermilch
- 1 Bio-Ei
- 50 g Dinkelmehl
- 1 TL Backpulver
- Eine Prise Salz
- 1 TL Honig
- 2 EL Butter zum Braten
- 100 g Heidelbeeren, frisch
- 2 EL Frischkäse
- Ein kleines Stück Vanilleschote, das Mark herausgekratzt
- 1 EL Mandeln, gehackt

Zubereitung:

1. In einer Schüssel die gemahlenen Leinsamen mit der Hafermilch verrühren und etwa 10 Minuten quellen lassen.

2. Das Ei hinzufügen und gut verquirlen.

3. Dinkelmehl, Backpulver und Salz hinzufügen und zu einem glatten Teig verrühren. Bei Bedarf etwas mehr Hafermilch hinzufügen, bis der Teig die gewünschte Konsistenz hat.

4. Honig unter den Teig rühren.

5. Eine Pfanne auf mittlerer Hitze erhitzen und 1 EL Butter darin schmelzen.

6. Kleine Mengen des Teigs in die Pfanne geben und Pfannkuchen von beiden Seiten goldbraun braten. Diesen Schritt wiederholen, bis der gesamte Teig verbraucht ist.

7. Für die Heidelbeerfüllung die Heidelbeeren in einem Topf erhitzen, bis sie Saft freigeben. Frischkäse und Vanillemark hinzufügen und gut vermengen, bis eine cremige Füllung entsteht.

8. Die Pfannkuchen mit der Heidelbeerfüllung füllen und mit gehackten Mandeln bestreuen. Guten Appetit.

Zucchini-Karotten-Rösti

Zubereitungszeit: 20 Minuten
Portionen: 1 Person

Zutaten:

- 1 mittelgroße Zucchini, grob geraspelt
- 1 große Karotte, grob geraspelt
- 1 Bio-Ei
- 2 EL Dinkelmehl
- 1 kleine Zwiebel, fein gehackt
- 1/2 TL Salz
- 1 Prise weißer Pfeffer
- 2 EL natives Olivenöl extra zum Braten
- **Für den Dip:**
- 3 EL Frischkäse
- 1 EL Mandelmilch
- 1 EL frische Petersilie, fein gehackt
- Salz und weißer Pfeffer zum Abschmecken

Zubereitung:

1. Zuerst die Zucchini und die Karotte nach dem Raspeln in ein sauberes Küchentuch legen und den Saft herauspressen. Dies verhindert, dass die Rösti später zu feucht werden.

2. Die geraspelten Zucchini und Karotten in eine Schüssel geben und mit dem Ei, Dinkelmehl, gehackter Zwiebel, Salz und Pfeffer vermengen.

3. Eine Pfanne mit Olivenöl auf mittlerer Hitze erhitzen. Die Zucchini-Karotten-Mischung in zwei Portionen teilen und je eine Portion in die Pfanne geben, leicht flach drücken, um eine Rösti-Form zu erhalten. Beide Seiten goldbraun anbraten, das dauert ca. 3-4 Minuten pro Seite.

4. Für den Petersilien-Dip den Frischkäse in einer kleinen Schüssel mit der Mandelmilch glatt rühren. Petersilie hinzufügen und mit Salz und Pfeffer abschmecken.

5. Die fertigen Rösti auf einen Teller legen und mit dem Petersilien-Dip servieren.

Einfache Beilagen

Gebackene Süßkartoffelspalten

Zubereitungszeit: 30 Minuten
Portionen: 1 Person

Zutaten:

- 1 mittelgroße Süßkartoffel, gewaschen und in Spalten geschnitten
- 2 EL natives Olivenöl extra
- 1 TL Salz
- Schwarzer Pfeffer nach Geschmack
- 1 TL Thymian, frisch oder getrocknet
- 1 TL Rosmarin, frisch gehackt oder getrocknet

Zubereitung:

1. Den Ofen auf 200 Grad vorheizen und ein Backblech mit Backpapier auslegen.
2. Die Süßkartoffelspalten in eine große Schüssel geben. Olivenöl, Salz, Pfeffer, Thymian und Rosmarin hinzufügen.
3. Alles gut vermengen, sodass die Süßkartoffelspalten gleichmäßig gewürzt sind.
4. Die gewürzten Süßkartoffelspalten gleichmäßig auf dem Backblech verteilen, sodass sie nicht übereinanderliegen.
5. Im vorgeheizten Ofen etwa 20-25 Minuten backen, bis sie goldbraun und knusprig sind. Einmal während des Backens wenden, um eine gleichmäßige Bräunung zu gewährleisten.
6. Aus dem Ofen nehmen und 5 Minuten abkühlen lassen.

Gedünsteter Brokkoli mit Mandeln

Zubereitungszeit: 20 Minuten
Portionen: 1 Person

Zutaten:

- 150 g Brokkoli, in kleine Röschen geteilt
- 20 g Mandeln, grob gehackt
- 1 kleine Karotte, in feine Streifen geschnitten
- 1 kleine Zwiebel, fein gewürfelt
- 1 TL natives Olivenöl extra
- 1 Prise Salz
- Schwarzer Pfeffer, frisch gemahlen
- 1 TL Petersilie, fein gehackt
- 1 TL Butter
- 50 ml Mandelmilch

Zubereitung:

1. In einer großen Pfanne das Olivenöl erhitzen und die Zwiebel darin glasig anbraten.

2. Brokkoliröschen und Karottenstreifen hinzufügen und unter ständigem Rühren für ca. 5 Minuten anbraten, bis das Gemüse leicht gebräunt und knusprig ist.

3. Mandeln in die Pfanne geben und alles weitere 3 Minuten dünsten.

4. Mit Salz und schwarzem Pfeffer würzen.

5. Die Mandelmilch und Butter hinzufügen und das Gemüse darin 5-7 Minuten auf kleiner Flamme köcheln lassen, bis der Brokkoli weich, aber noch bissfest ist.

6. Abschließend mit der gehackten Petersilie bestreuen und servieren.

Kartoffelpüree mit Petersilie

Zubereitungszeit: 20 Minuten
Portionen: 1 Person

Zutaten:

- 2 mittelgroße Kartoffeln, geschält und in Würfel geschnitten
- 2 EL Butter
- 50 ml Hafermilch
- 2 EL frische Petersilie, fein gehackt
- Salz und weißer Pfeffer nach Geschmack
- 1 TL natives Olivenöl extra

Zubereitung:

1. Setze einen Topf mit Wasser auf den Herd und bringe es zum Kochen. Sobald das Wasser kocht, gib die Kartoffelwürfel hinzu und lasse sie für etwa 15 Minuten oder bis sie weich sind, kochen.

2. Wenn die Kartoffeln weich gekocht sind, gieße das Wasser ab und gib die Kartoffeln zurück in den Topf.

3. Nun gib die Butter und Hafermilch zu den Kartoffeln. Mithilfe eines Kartoffelstampfers zerdrückst du die Kartoffeln, bis ein cremiges Püree entsteht. Wenn das Püree zu dick ist, kannst du nach Belieben noch etwas mehr Hafermilch hinzufügen.

4. Gib nun die frisch gehackte Petersilie zum Püree und rühre alles gut durch. Schmecke mit Salz und weißem Pfeffer ab.

5. Vor dem Servieren beträufelst du das Kartoffelpüree mit etwas Olivenöl und garnierst es eventuell mit einem zusätzlichen Petersilienzweig. Guten Appetit.

Quinoa mit Artischocken und Karotten

Zubereitungszeit: 25 Minuten
Portionen: 1 Person

Zutaten:

- 50 g Quinoa, gewaschen
- 100 g Artischocken, frisch und geviertelt
- 1 mittelgroße Karotte, gewürfelt
- 1 EL natives Olivenöl extra
- 1 kleine Zwiebel, gewürfelt
- 1 EL Petersilie, gehackt
- Salz und weißer Pfeffer nach Geschmack
- 200 ml Wasser
- 1 TL Butter
- 1 TL Sesam, zum Garnieren

Zubereitung:

1. Erhitze in einer kleinen Pfanne das Olivenöl. Gib die Zwiebelwürfel hinzu und brate sie an, bis sie glasig sind.

2. Füge die gewürfelte Karotte hinzu und brate sie für ca. 3 Minuten mit, bis sie etwas weicher wird.

3. Nun kommen die Artischockenstücke dazu. Lasse alles zusammen für weitere 5 Minuten köcheln.

4. Gib den Quinoa dazu und rühre alles gut um.

5. Gieße das Wasser in die Pfanne und bringe es zum Kochen. Reduziere anschließend die Hitze, gib den Deckel auf die Pfanne und lasse alles für ca. 15 Minuten auf kleiner Flamme köcheln, bis der Quinoa gar ist und das Wasser absorbiert wurde.

6. Würze mit Salz und Pfeffer nach Geschmack. Zum Schluss füge die Butter und die Petersilie hinzu und rühre gut um, bis die Butter geschmolzen ist.

7. Serviere das Gericht in einer Schale und bestreue es mit Sesam. Lass es dir schmecken!

Hirse mit Zucchini

Zubereitungszeit: 25 Minuten
Portionen: 1 Person

Zutaten:

- 50 g Hirse, gewaschen
- 200 ml Wasser
- 1 kleine Zucchini, gewürfelt
- 1 TL frischer Ingwer, fein gehackt
- 1 EL natives Olivenöl extra
- 1 EL Petersilie, gehackt
- Salz und schwarzer Pfeffer nach Geschmack
- 2 EL Joghurt
- 1 EL Mandelsplitter

Zubereitung:

1. Setze einen Topf mit Wasser auf und bringe es zum Kochen. Gib die Hirse hinzu und lasse sie für etwa 15 Minuten köcheln, bis sie weich und das Wasser aufgesogen ist. Ab und zu umrühren.

2. Während die Hirse kocht, erhitzt du das Olivenöl in einer Pfanne. Füge die Zucchiniwürfel und den gehackten Ingwer hinzu. Brate alles für etwa 5 Minuten an, bis die Zucchini leicht gebräunt und zart ist.

3. Mische die gekochte Hirse mit der Zucchini-Ingwer-Mischung. Schmecke mit Salz und Pfeffer ab und rühre die Petersilie unter.

4. Serviere die Hirse in einer Schale. Gib den Joghurt darüber und streue die Mandelsplitter als Topping darüber.

Gedünstete Karotten

Zubereitungszeit: 15 Minuten
Portionen: 1 Person

Zutaten:

- 2 mittelgroße Karotten, geschält und in Scheiben geschnitten
- 1 TL Butter
- Eine Prise frisch gemahlener Muskat
- Salz und schwarzer Pfeffer nach Geschmack
- 1 EL Petersilie, fein gehackt
- 1 EL natives Olivenöl extra

Zubereitung:

1. Du erhitzt in einer Pfanne die Butter und das Olivenöl bei mittlerer Hitze. Wenn die Butter geschmolzen ist und zu schäumen beginnt, füge die Karottenscheiben hinzu.

2. Lasse die Karotten etwa 7-8 Minuten dünsten, dabei regelmäßig wenden, damit sie nicht anbrennen.

3. Während die Karotten dünsten, streue eine Prise Salz und Pfeffer darüber, um den Geschmack hervorzuheben.

4. Sobald die Karotten fast fertig sind, füge den frisch gemahlenen Muskat hinzu und rühre gut um, sodass alle Karottenscheiben damit bedeckt sind.

5. Nimm die Pfanne vom Herd und streue die frisch gehackte Petersilie darüber. Fertig.

Blumenkohlreis mit Petersilie

Zubereitungszeit: 15 Minuten
Portionen: 1 Person

Zutaten:

- 150 g Blumenkohl, gewaschen und in Röschen zerteilt
- 2 EL natives Olivenöl extra
- 1 kleine Zwiebel, fein gewürfelt
- 1 kleine Knoblauchzehe, fein gehackt
- Eine Handvoll Petersilie, gewaschen und fein gehackt
- Salz und weißer Pfeffer zum Abschmecken
- 1 TL Butter zum Verfeinern
- 50 ml frische Milch

Zubereitung:

1. Gib die Blumenkohlröschen in eine Küchenmaschine und zerkleinere sie, bis sie die Konsistenz von Reiskörnern haben.

2. In einer großen Pfanne das Olivenöl auf mittlerer Hitze erhitzen.

3. Füge die Zwiebelwürfel hinzu und dünste sie, bis sie glasig sind.

4. Den Knoblauch hinzufügen und kurz mitdünsten.

5. Jetzt den Blumenkohlreis in die Pfanne geben und 5-7 Minuten anbraten, bis er goldbraun und weich ist.

6. Mit Salz und weißem Pfeffer abschmecken.

7. Die Milch und die Butter hinzufügen und alles gut vermengen, bis der Blumenkohlreis eine leicht cremige Konsistenz hat.

8. Zum Schluss die fein gehackte Petersilie unterrühren. Guten Appetit.

Kohlrabi und Pastinakenpfanne

Zubereitungszeit: 25 Minuten
Portionen: 1 Person

Zutaten:

- 1 kleiner Kohlrabi, geschält und gewürfelt
- 1 Pastinake, geschält und in Scheiben geschnitten
- 2 EL natives Olivenöl extra
- 1 TL gemahlener Kurkuma
- Salz und schwarzer Pfeffer nach Geschmack
- 1 kleine Zwiebel, gewürfelt
- 1 Apfel, entkernt und gewürfelt
- 2 EL frische Petersilie, gehackt
- 1 EL Mandeln, grob gehackt
- 50 ml Wasser
- 1 TL Honig

Zubereitung:

1. Erhitze das Olivenöl in einer Pfanne auf mittlerer Hitze.

2. Füge den Kohlrabi, die Pastinake und die Zwiebel hinzu und brate sie für etwa 10 Minuten an, bis sie leicht gebräunt sind.

3. Während das Gemüse brät, vermische in einer kleinen Schale Kurkuma, Salz und Pfeffer. Streue die Mischung dann über das Gemüse in der Pfanne und rühre gut um.

4. Füge den gewürfelten Apfel hinzu und brate alles weitere 5 Minuten.

5. Gib das Wasser und den Honig hinzu und lasse das Ganze noch etwa 5 Minuten köcheln, bis das Gemüse weich ist.

6. Vom Herd nehmen und mit Mandeln und Petersilie bestreuen.

Kartoffel und Knollenselleriebrei

Zubereitungszeit: 25 Minuten
Portionen: 1 Person

Zutaten:

- 1 mittelgroße Kartoffel (ca. 150 g), geschält und gewürfelt
- 1 Stück Knollensellerie (ca. 100 g), geschält und gewürfelt
- 2 EL Butter
- 50 ml Hafermilch
- Salz und weißer Pfeffer nach Geschmack
- 1 TL frische Petersilie, fein gehackt

Zubereitung:

1. Fülle einen mittelgroßen Topf mit Wasser und füge eine Prise Salz hinzu. Bring das Wasser zum Kochen.

2. Gib die gewürfelten Kartoffeln und den Knollensellerie in das kochende Wasser und lass sie für etwa 15-20 Minuten köcheln, bis sie weich sind.

3. Gieße das Wasser ab und stelle den Topf wieder auf den Herd, diesmal bei niedriger Hitze.

4. Füge die Butter und die Hafermilch hinzu und zerstampfe die Kartoffeln und den Sellerie mit einem Kartoffelstampfer, bis eine cremige Konsistenz entsteht. Wenn du keinen Kartoffelstampfer hast, kannst du auch einen Löffel verwenden.

5. Würze den Brei mit Salz und weißem Pfeffer und rühre gut um.

6. Streue zum Schluss die frisch gehackte Petersilie darüber und rühre sie unter. Fertig.

Desserts

Apfel-Kirsch-Crumble

Zubereitungszeit: 25 Minuten
Portionen: 1 Person

Zutaten:

- 1 kleiner Apfel, gewaschen und in Würfel geschnitten
- 5-6 Kirschen, entkernt und halbiert
- 15 g Haferflocken
- 10 g Mandeln, grob gehackt
- 1 TL Butter, geschmolzen
- 1 TL Honig
- 1 Prise Zimt
- 1 Prise echte Vanille

Zubereitung:

1. Heize deinen Ofen auf 180 Grad vor.

2. Nimm eine kleine Auflaufform und verteile die Apfelwürfel und halbierten Kirschen gleichmäßig darin.

3. In einer kleinen Schüssel mischst du die Haferflocken, gehackten Mandeln, geschmolzene Butter, Honig, Zimt und Vanille miteinander. Dabei entstehen deine Mandelstreusel.

4. Verteile die Mandelstreusel gleichmäßig über die Früchte in der Auflaufform.

5. Backe das Crumble im vorgeheizten Ofen für ca. 20 Minuten oder bis die Streusel goldbraun sind und die Früchte saftig.

6. Nimm das Crumble aus dem Ofen und lass es kurz abkühlen. Guten Appetit.

Frische Mango-Creme

Zubereitungszeit: 15 Minuten
Portionen: 1 Person

Zutaten:

- 1 reife Mango, geschält und gewürfelt
- 100 ml Kokosmilch
- 1 TL echte Vanille
- 1 EL Honig
- 1 EL Chia-Samen
- Einige Blätter frische Minze für Dekoration

Zubereitung:

1. Die Mango vorsichtig schälen und in kleine Würfel schneiden. Ein paar Würfel zur Seite legen, um sie später als Dekoration zu verwenden.

2. Die Mangowürfel in einen Mixer geben. Kokosmilch, echte Vanille und Honig hinzufügen. Alles zu einer cremigen Masse mixen.

3. Nun die Chia-Samen unter die Mangocreme mischen. Durch die Samen erhält die Creme nach ein paar Minuten eine leicht gelartige Konsistenz.

4. Die Creme in eine Dessertschale oder ein Glas füllen. Mit den beiseitegelegten Mangostücken und frischen Minzeblättern garnieren.

5. Kurz vor dem Verzehr im Kühlschrank kühlstellen, damit die Creme eine festere Konsistenz erhält und die Chia-Samen aufquellen können.

Gebackene Feige mit Mandelmus

Zubereitungszeit: 20 Minuten
Portionen: 1 Person

Zutaten:

- 1 frische Feige, gewaschen und halbiert
- 1 TL Mandelmus
- Eine Prise Kardamom
- 1 EL Honig
- 1 TL gehackte Mandeln
- 50 ml Sahne
- 1 TL echte Vanille
- Eine Prise Zimt

Zubereitung:

1. Den Ofen auf 180 Grad vorheizen.

2. Nimm die halbierten Feigen und bestreiche die Schnittfläche sanft mit Mandelmus. Dann streue vorsichtig den Kardamom darüber.

3. Leg die Feigen mit der Schnittfläche nach oben in eine kleine ofenfeste Form. Beträufle sie mit einem halben EL Honig und streue die gehackten Mandeln darüber.

4. Lass die Feigen im vorgeheizten Ofen für etwa 10-12 Minuten backen, bis sie weich und leicht karamellisiert sind.

5. Währenddessen gibst du die Sahne in einen kleinen Topf und erhitzt sie leicht. Füge Vanille, den restlichen Honig und Zimt hinzu und lass sie auf kleiner Flamme leicht köcheln, bis sie eine cremige Konsistenz bekommt.

6. Die gebackenen Feigen vorsichtig aus dem Ofen nehmen und auf einen Teller setzen. Die warme Vanillesahne darüber gießen. Guten Appetit.

Preiselbeer-Granita

Zubereitungszeit: 4 Stunden (inklusive Gefrierzeit)
Portionen: 1 Person

Zutaten:

- 150 g Preiselbeeren, frisch oder tiefgefroren
- 60 ml Wasser
- 30 g Haushaltszucker
- Einige Blätter Zitronenmelisse, fein gehackt
- 1 EL Kokosmilch

Zubereitung:

1. Die Preiselbeeren zusammen mit Wasser in einen kleinen Topf geben und auf mittlerer Hitze zum Köcheln bringen. Dabei gelegentlich umrühren.

2. Wenn die Beeren weich sind, den Topf vom Herd nehmen und die Mischung etwas abkühlen lassen.

3. Den Haushaltszucker zur Preiselbeermischung hinzufügen und gut umrühren, bis sich der Zucker vollständig aufgelöst hat.

4. Die Mischung durch ein feines Sieb in eine flache, gefrierfeste Schale gießen, dabei die festen Bestandteile mit einem Löffel gut ausdrücken, um möglichst viel Saft zu gewinnen.

5. Die fein gehackte Zitronenmelisse unterrühren und die Schale in das Gefrierfach stellen.

6. Nach etwa einer Stunde mit einer Gabel durch die Mischung gehen, um Eiskristalle zu zerbrechen und eine körnige Struktur zu erzeugen.

7. Diesen Vorgang alle 30 Minuten wiederholen, bis die Masse nach etwa 3-4 Stunden komplett gefroren und körnig ist.

8. Kurz vor dem Servieren die Granita mit 1 EL Kokosmilch beträufeln. Guten Appetit.

Maracuja-Pudding mit Tigernuss-Topping

Zubereitungszeit: 25 Minuten
Portionen: 1 Person

Zutaten:

- 1 reife Maracuja, Saft aus-
  pressen
- 2 EL Chia-Samen
- 50 ml Kokosmilch
- 2 TL Rohrzucker
- 1 TL echte Vanille
- 2 EL geriebene Tigernuss
  (Erdmandel)

Zubereitung:

1. Beginne damit, die Maracuja zu halbieren und den Saft in eine kleine Schüssel zu pressen. Du benötigst ungefähr 3 EL Saft.

2. Füge die Chia-Samen zum Maracuja-Saft hinzu und vermische es gut miteinander. Lass die Mischung für etwa 10 Minuten quellen, bis die Samen das gesamte Flüssigkeit aufgesogen haben und eine pudding-artige Konsistenz entstanden ist.

3. In einer anderen kleinen Schüssel mische die Kokosmilch, Rohrzucker und Vanille miteinander. Rühre die Mischung so lange, bis sich der Zucker vollständig aufgelöst hat.

4. Gib nun die Kokosmilchmischung zu den gequollenen Chia-Samen und rühre alles gut durch.

5. Schütte die Puddingmischung in ein hübsches Glas oder eine kleine Schale und stelle sie für etwa 10 Minuten in den Kühlschrank, damit der Pudding fest wird.

6. Während der Pudding im Kühlschrank steht, kannst du die Tigernüsse in einem Mörser fein reiben oder alternativ in einer Küchenmaschine zerkleinern.

7. Sobald der Pudding die gewünschte Konsistenz erreicht hat, nimm ihn aus dem Kühlschrank und garniere ihn mit dem Tigernuss-Topping.

Rhabarber-Kompott

Zubereitungszeit: 15 Minuten
Portionen: 1 Person

Zutaten:

- 150 g Rhabarber, gewaschen und in 1 cm lange Stücke geschnitten
- 50 g Apfel, gewaschen, entkernt und in kleine Würfel geschnitten
- 2 EL Wasser
- 2 EL Haushaltszucker (nach Belieben anpassen)
- 1/2 TL echte Vanille
- 100 g frischer Joghurt

Zubereitung:

1. Nimm einen kleinen Topf, gib den Rhabarber, den Apfel, Wasser und den Haushaltszucker hinein.

2. Lass das Ganze auf mittlerer Hitze für etwa 10 Minuten köcheln, bis der Rhabarber weich ist und eine kompottartige Konsistenz erreicht hat.

3. Füge die echte Vanille zum Kompott hinzu und rühre gut um.

4. Lass das Kompott kurz abkühlen und gib es dann in ein Dessertschälchen.

5. Gieße den frischen Joghurt über das Kompott.

6. Garniere das Ganze eventuell mit ein paar Chia-Samen oder einem Minzblatt.

Dattel-Kokos-Bällchen

Zubereitungszeit: 20 Minuten
Portionen: 8 Bällchen

Zutaten:

- 8 Datteln, entkernt und grob gehackt
- 3 EL Kokosraspel, zusätzlich etwas zum Wälzen
- 2 EL Mandeln, grob gehackt
- 1 EL Chia-Samen
- 1 TL echte Vanille
- 1 Prise Salz
- 2 EL Kokosmilch

Zubereitung:

1. Die Datteln zusammen mit den Mandeln in eine Schüssel geben und mit der Kokosmilch übergießen. Lass diese Mischung für etwa 10 Minuten ziehen.

2. Im nächsten Schritt gibst du die Kokosraspel, Chia-Samen, Vanille und eine Prise Salz dazu. Mische alles gut durch, bis du eine klebrige Masse erhältst.

3. Forme aus der Masse 8 kleine Bällchen. Das geht am besten, wenn du deine Hände zwischendurch immer mal wieder mit etwas kaltem Wasser anfeuchtest, damit die Masse nicht so sehr klebt.

4. Wälze jedes Bällchen in Kokosraspeln, bis es rundherum gut bedeckt ist.

5. Stelle die Bällchen für mindestens 10 Minuten in den Kühlschrank, damit sie fest werden. Guten Appetit.

Chia-Pudding mit Blaubeersauce

Zubereitungszeit: 15 Minuten
Portionen: 1 Person

Zutaten:

- 2 EL Chia-Samen
- 100 ml Mandelmilch
- 1 TL echte Vanille
- 1 TL Honig
- 50 g frische Blaubeeren
- 1 TL Dinkelsirup
- 1 Prise Salz
- 1 EL Kokoschips

Zubereitung:

1. In einer kleinen Schüssel die Chia-Samen, Mandelmilch, echte Vanille und Honig gut miteinander vermischen. Für mindestens 10 Minuten oder über Nacht in den Kühlschrank stellen, damit die Samen quellen können und der Pudding fest wird.

2. Währenddessen die Blaubeeren in einen kleinen Topf geben und bei mittlerer Hitze erwärmen. Den Dinkelsirup hinzufügen und alles gut umrühren. Lass die Mischung ca. 5 Minuten köcheln, bis die Blaubeeren weich geworden sind und eine sämige Sauce entsteht.

3. Den Chia-Pudding aus dem Kühlschrank nehmen und in eine Dessertschale füllen. Die warme Blaubeersauce darüber geben.

4. Zum Schluss das Ganze mit Kokoschips garnieren.

Nektarinen-Tarte

Zubereitungszeit: 40 Minuten
Portionen: 1 Person

Zutaten:

- 1 Nektarine, entkernt und in dünne Spalten geschnitten
- 50 g Macadamia-Nüsse, grob gehackt
- 50 g Mandeln, fein gemahlen
- 2 EL Butter, geschmolzen
- 2 EL Haushaltszucker
- 1 Eigelb
- 50 ml Sahne
- 1 TL echte Vanille
- 1 EL Reismehl
- 1 TL Zimt
- 1 Prise Salz

Zubereitung:

1. Beginne mit dem Macadamia-Nuss-Boden. In einer Schüssel die gemahlenen Mandeln, gehackte Macadamia-Nüsse, Butter, 1 EL Zucker und eine Prise Salz gut vermengen.

2. Lege eine kleine Tarteform (Durchmesser ca. 18 cm) mit Backpapier aus und drücke die Nussmischung fest auf den Boden und die Seiten, sodass ein gleichmäßiger Boden entsteht. Stelle die Form für etwa 10 Minuten in den Kühlschrank.

3. In der Zwischenzeit heize den Ofen auf 180 Grad vor.

4. Für die Füllung das Eigelb mit Sahne, 1 EL Zucker, Reismehl und Vanille in einer Schüssel glatt rühren. Die Nektarinenspalten vorsichtig unterheben.

5. Nimm die Tarteform aus dem Kühlschrank und gieße die Nektarinen-Füllung hinein. Verteile die Nektarinenspalten gleichmäßig.

6. Bestreue die Tarte mit Zimt und backe sie im vorgeheizten Ofen für etwa 20-25 Minuten oder bis sie goldbraun ist und die Füllung fest geworden ist.

7. Lass die Tarte etwas abkühlen, bevor du sie aus der Form nimmst.

Erdmandel-Mousse mit Granatapfelkernen

Zubereitungszeit: 15 Minuten
Portionen: 1 Person

Zutaten:

- 50 g Erdmandeln, fein gemahlen
- 100 ml Mandelmilch
- 1 EL Honig
- 1 TL echte Vanille
- 2 EL Sahne
- 1 Eigelb
- 2 EL Granatapfelkerne, frisch

Zubereitung:

1. In einem kleinen Topf die Mandelmilch erwärmen, aber nicht kochen lassen.

2. Die gemahlenen Erdmandeln, den Honig und die Vanille hinzufügen. Das Ganze unter ständigem Rühren für ca. 5 Minuten köcheln lassen, bis die Masse etwas andickt.

3. In einer separaten Schüssel das Eigelb verquirlen. Einige Esslöffel der warmen Erdmandel-Mandelmilch-Mischung vorsichtig unter das Eigelb rühren, um es zu temperieren.

4. Die temperierte Eigelb-Mischung zurück in den Topf geben und alles gründlich vermengen. Weitere 2-3 Minuten köcheln lassen, bis die Masse noch etwas dicker wird.

5. Den Topf vom Herd nehmen und die Mischung etwas abkühlen lassen.

6. In einer kleinen Schüssel die Sahne steif schlagen.

7. Die abgekühlte Erdmandel-Mischung vorsichtig unter die geschlagene Sahne heben, bis alles gut vermischt ist.

8. Die Erdmandel-Mousse in ein Dessertglas füllen und für etwa 10 Minuten in den Kühlschrank stellen.

9. Zum Schluss die frischen Granatapfelkerne über die Mousse streuen.

Marillensorbet mit Zitronenmelisse

Zubereitungszeit: 25 Minuten
Portionen: 1 Person

Zutaten:

- 150 g Marillen (Aprikosen), entkernt und grob gehackt
- 10 Blätter Zitronenmelisse, fein gehackt
- 30 ml Wasser
- 2 EL Honig
- 1 EL Zitronenmelisse zum Garnieren
- Eine Prise Salz

Zubereitung:

1. Gib die gehackten Marillen zusammen mit dem Wasser in einen Mixer und püriere die Mischung, bis sie ganz glatt ist.

2. Füge den Honig und eine Prise Salz hinzu und mixe alles noch einmal gründlich durch.

3. Streue die fein gehackte Zitronenmelisse in die Marillenmischung und rühre alles gut um.

4. Gieße die Mischung in eine flache, gefriergeeignete Schale und stelle sie für mindestens 2 Stunden in das Gefrierfach. Rühre alle 30 Minuten mit einer Gabel durch, um Eiskristalle zu verhindern und das Sorbet schön cremig zu halten.

5. Sobald das Sorbet die gewünschte Konsistenz erreicht hat, kannst du es mit Hilfe eines Eisportionierers zu Kugeln formen.

6. Serviere das Sorbet in einer Schale oder einem Glas und garniere es mit einem Blatt Zitronenmelisse.

Heidelbeer-Parfait

Zubereitungszeit: 30 Minuten + 3 Stunden Gefrierzeit
Portionen: 1 Person

Zutaten:

- 100 g Heidelbeeren, frisch gewaschen
- 2 EL Sesampaste (Tahini)
- 100 ml Sahne
- 1 EL Honig
- 1 TL echte Vanille
- 1 Eigelb
- 2 EL Mandelmilch
- 1 TL Chia-Samen
- Eine Prise Salz

Zubereitung:

1. Gib in einer kleinen Schüssel die Chia-Samen und Mandelmilch zusammen. Lass die Mischung für ca. 10 Minuten quellen, bis eine geleeartige Konsistenz entsteht.

2. In einer weiteren Schüssel schlägst du die Sahne steif und stellst sie kalt.

3. Erhitze in einem kleinen Topf den Honig, Tahini und Vanille. Rühre gut um, bis alles gut vermischt ist. Nimm den Topf vom Herd und lasse die Mischung ein wenig abkühlen.

4. Füge nun das Eigelb zur Tahini-Honig-Mischung hinzu und verrühre alles zügig, damit das Eigelb nicht gerinnt.

5. Hebe die steif geschlagene Sahne vorsichtig unter die Masse.

6. Füge nun die Chia-Mandelmilch-Mischung hinzu und rühre alles gut durch.

7. Zum Schluss hebst du die Heidelbeeren unter die Masse. Versuche, die Beeren gleichmäßig zu verteilen.

8. Fülle die Mischung in eine geeignete Form und lasse sie für mindestens 3 Stunden im Gefrierfach fest werden.

9. Vor dem Servieren das Parfait kurz antauen lassen. Guten Appetit.

Litschi-Gelee mit Weintrauben

Zubereitungszeit: 20 Minuten
Portionen: 1 Person

Zutaten:

- 100 g Litschis, geschält und entsteint
- 50 g Weintrauben, halbiert und entkernt
- 200 ml Wasser
- 1 EL Rohrzucker
- 2 EL Chia-Samen
- Einige Minzblätter, zum Garnieren

Zubereitung:

1. Gib die geschälten und entsteinten Litschis in einen Mixer und püriere sie, bis sie ganz fein sind.

2. In einem kleinen Topf bringe das Wasser zusammen mit dem Rohrzucker zum Kochen. Sobald der Zucker sich vollständig aufgelöst hat, nimm den Topf vom Herd.

3. Füge das Litschi-Püree zum Wasser hinzu und vermische es gründlich.

4. Gib nun die Chia-Samen hinzu und rühre das Ganze gut um, bis alles gut vermischt ist.

5. Lass die Mischung etwa 10 Minuten stehen, damit die Chia-Samen quellen können und eine geleeartige Konsistenz entsteht.

6. Füge die halbierten Weintrauben zum Gelee hinzu und rühre noch einmal um.

7. Fülle die Mischung in ein Glas und stelle es für mindestens 1 Stunde in den Kühlschrank, damit das Gelee fest wird.

8. Zum Schluss mit einigen Minzblättern garnieren.

Kastanien-Mousse

Zubereitungszeit: 20 Minuten
Portionen: 1 Person

Zutaten:

- 100 g Esskastanien, geschält und gekocht
- 50 ml Sahne
- 30 g weiße Schokolade, grob gehackt
- 1 Eigelb
- 1 TL Honig
- 1 TL Kürbiskernöl zum Garnieren
- Eine Prise Salz
- Eine Prise echte Vanille

Zubereitung:

1. Die weiße Schokolade in einer kleinen Schüssel über einem Wasserbad schmelzen und beiseite stellen.

2. Die Esskastanien zusammen mit dem Eigelb und dem Honig in einen Mixer geben und zu einer feinen Paste verarbeiten.

3. Die Sahne mit einer Prise Salz und Vanille in einer Schüssel steif schlagen. Dann die geschmolzene Schokolade vorsichtig unterheben, bis alles gut vermischt ist.

4. Die Kastanienpaste vorsichtig unter die Sahne-Schokoladen-Mischung heben, bis ein gleichmäßiges Mousse entsteht.

5. Das Mousse in eine Dessertschale füllen und für etwa 1 Stunde in den Kühlschrank stellen, um es fest werden zu lassen.

6. Vor dem Servieren das Kastanien-Mousse mit einem Teelöffel Kürbiskernöl beträufeln.

Schlusswort

Liebe Leserin, lieber Leser,

Ich hoffe, dass jedes Rezept, das du ausprobiert hast, ein Schritt auf deinem Weg zu einer bewussteren und gesünderen Ernährungsweise war. Mögen diese Seiten dich inspiriert haben, dich kreativ in der Küche auszuleben, zu experimentieren und vielleicht sogar deine eigenen Rezepte zu kreieren.

Dieses Buch ist mehr als nur eine Sammlung von Rezepten; es ist ein Ausdruck der Überzeugung, dass leckeres Essen und Gesundheit Hand in Hand gehen können. Gesundheit ist kein Zustand, sondern ein fortlaufender Prozess. Und jeder kleine Schritt, jede einzelne Entscheidung, die wir treffen, führt uns auf diesem Weg weiter.

In diesem Sinne möchte ich dich ermutigen, weiterhin Neues auszuprobieren, deine Grenzen in der Küche zu erweitern und vor allem, Freude am Kochen und Essen zu haben. Und denke daran: Das Wichtigste ist nicht das perfekte Gericht, sondern die Liebe und Sorgfalt, die wir hineinstecken.

Deine Carina Lehmann

Impressum